高崎怪談会
東国百鬼譚

戸神重明
編著

籠 三蔵
北城椿貴
しのはら史絵
春南灯
マリブル
夜馬裕
共著

怪談文庫

まえがき

——高崎怪談会の成り立ち　戸神重明

群馬県高崎市は、関東平野の北西の果てに存在する。元は江戸時代からの城下町で、県庁所在地ではないが、人口や鉄道交通の便の良さでは県都の前橋市を凌いでいる。群馬県南部の市や町はどこもそうであるように、海から遠く離れた内陸の地で、夏は猛暑と雷雨の日が多く、冬は冷たい空っ風が吹き荒《すさ》ぶ。

そんな風土の影響か、昔はぶっきら棒な話し方をする男性が多く、ハードボイルド風の無口な男性が格好良い、とされる傾向があったように思う。遠い先祖の代からの〈高崎人〉である私も元来は口下手であり、四十代になるまで何をやっても成功しなかったせいか、取材は専《もっぱ》ら家族親戚や数少ない知人を相手に行っていて、怪談イベントに参加したこともなかった。人前に出ること自体が好きではなかった。実話怪談を書くようになってからも、しかし、すぐにネタが尽きてしまい、執筆も行き詰まってきた。

それに怪談作家が群雄割拠《ぐんゆうかっきょ》する昨今、人前に出て他者よりも目立たなければ、幾ら怖くて面白い本を書いても売れない——。それを痛感したことから、東京で行われている座談会形式の〈怪談会〉に何度か参加してみたのである。初めはろくに語ることができなかったが、徐々に語れるようになると、楽しくなってきた。そこで知り合った怪談マニアのSさんと馬が合い、彼は埼玉県のJR高崎線沿いの某市に住んでいるので、途中まで電車で一緒に帰るようになった。その車内で、私はこう切り出してみたことがある。

「地元で怪談会をやってみたいんですよ。……お客が一人も来なかったら惨めだけどね」

「俺は行きますよ！　他に誰も来なくても」

当時、高崎には怪談仲間がいなかったので、Sさんの言葉は本当にうれしかった。

その頃、群馬県内で怪談イベントといえば、稲川淳二さんが年に数回来る程度で、地元在住者による本格的な怪談会はなかったと思う。Sさんに勇気づけられた私は、高崎の中心街にある貸しスタジオcoco・izumi（ココイズミ）で二〇一五年三月二十一日（土）に初の「高崎怪談会」を主催する。参加者は二十二名。東京、千葉、埼玉、栃木、京都など、県外から来た猛者《もさ》が過半数を占めた。他の作家や怪談師にネタを提供している方が多く、執筆用のネタ取材はできなかった。

同じ年の七月十八日（土）に私は「高崎怪談会2」を主催する。これはcoco・izumiのオーナーに頼み、ホールを夜通し借りて、百物語を行う趣向であった。参加者は四十名。地元の方も大勢参加してくれるようになり、取材に協力して下さる方も出てきた。

こうして軌道に乗ってからは、少林山達磨寺や成田山高崎分院といった寺の講堂、故・

中曽根康弘元総理大臣の旧居宅である青雲塾会館日本間などを借りて開催してきた。「高崎怪談会8　少林山百物語編」「同16　ｉｎ　前橋臨江閣」では、百名を超える観客が来場している。当初は苦手だった大勢の前での語りや会場側との交渉にも慣れてきた。

なお、怪談会という熟語は本来、参加者が誰でも語れる座談会を指す。けれども、次第に私や私が選んだ出演者が舞台に上がって語り、観客がそれを聴く、というライブ形式のイベントも行うようになった。その場合、厳密には〈怪談会〉ではないものの、「高崎怪談会」の名が少しは浸透したらしいので、どちらも同じ名称を使っている。

ルールは、なるべく群馬県内、とくに高崎市内の話をしてもらいたいが、なければ他の都道府県の話でもかまわない。したがって、本書も他の都道府県の話を多数収録することになった。ちなみに本書は、私以外の著者の作品は各位が出演した際に語った話や、今後に語る予定の話を書き下ろしたものである。だが、私自身が取材して語った話のほとんどは既に書籍化されている。そのため拙作は一編を除き、一般参加者が語って下さった話の中から気に入ったものを、許可を得た上で作品化させていただいた。

実際には、過去の怪談会で好評だった話には「番町」「イエティの首」「んよっ！」などがあるのだが、それらは既刊に収録されていることから、本書では取り上げていない。

また、「高崎怪談会8　少林山百物語編」のトリなどで語った「賞金五万円」には、書籍に書いていない、イベントでしか語ってこなかった後日談がある。これは群馬県の話ではなく、神奈川県横浜市在住の男性が、若い頃に「そこで一夜を過ごせたら五万円がもらえる」と聞いて、長野県軽井沢町にある廃別荘や軽井沢大橋を訪れた際に遭遇した怪異と、横浜に帰ってから直面した親友の事故死を描いた話だ。この作品はのちに竹書房が開催した『(書籍版) 怪談最恐戦　二〇一六』の人気投票で第九位に選ばれている。

私はそれを情報提供者の男性にメールで報告した。彼は怪談ファンなので、喜んでくれるものと思ったからだ。しかし、幾ら待っても先方からの返信はなかった。いつも丁寧に連絡を下さる方だったので怪訝に思い、共通の知人である作家の某氏に訊ねたところ、

「自分も連絡がつかないので、気になっていたんですよ。癌で亡くなったらしいですね」

とのことであった。ひょっとすると、「賞金五万円」は他者に語ってはいけない話だったのかもしれない。もしも近い将来、私も早死にした場合は「高崎怪談会8」などで何度か「賞金五万円」を語ったことによる祟りが原因だと思っていただきたい。

と、悪い話はさておき、本書をお読みになり、興味を持って下さった方は、ぜひ会場へ遊びに来て下さい。公式ブログがあるので、詳細は「高崎怪談会」でＷｅｂ検索を。

目次

※本書に登場する人物名は、様々な事情を考慮してすべて仮名にしてあります。また、作中に登場する体験者の記憶と体験当時の世相を鑑み、極力当時の様相を再現するよう心がけています。現代においては若干耳慣れない言葉・表記が登場する場合がありますが、これらは差別・侮蔑を意図する考えに基づくものではありません。

焼きまんじゅう

春南　灯

　群馬県前橋市に住む小暮さんは、お祖父様の四十九日法要の前夜、こんな夢を見たという。

　実家近くの公園のベンチで、亡き祖父と肩を並べ、ぽつぽつと幾つかの言葉を交わしたところで、ぷつっと会話が途切れた。

　その静寂を埋めるように、近くの水路を流れる水音が響く。

　次の一言を探す間に、祖父がゆっくりと立ち上がった。

「どこいくの？」

「ついてこい、ついてこい」

　ふっと笑みを浮かべ、見慣れた道をすたすたと歩む。

　近所の焼きまんじゅう店の前で、祖父が足を止めた。生前、頻繁に足を運んでいた店だ。

　甘辛いタレがじりじりと焼ける、香ばしい匂いが漂っている。

「食いてぇなぁ」

　祖父が物欲しげに、じっと店先を見つめる。

それではと、ポケットを探ったが財布がない。

「じいちゃん、財布とってくっから、待ってて」

踵を返し、ふっと目が覚めた。

うっすらと、焼きまんじゅうの香を感じる。

まるで、現実のような感触の夢だった。


——供えて欲しいのかな？

実家に向かう途中、夢で見た焼きまんじゅう店に立ち寄った。

群馬県の郷土食であるこの菓子は、餡が入っていない饅頭を大抵四個、長い串に刺して焼きながら、味噌に砂糖やミリンなどを加えたタレを塗ったものだ。

祖父の分に加え、親族の人数分を購入して、再び車に乗り込んだ。

実家の前には両親の車以外無く、まだ誰も来ていない。

敷地の端に車を寄せ、玄関をくぐる。

仏間を覗くと、部屋の隅で支度をしていた母が、驚いたようにぱっと顔をあげた。

その手に、持参した焼きまんじゅう店の包みと同じものが握られている。

「ただいま。それ……」

訊ねる声を遮って、呼び鈴が鳴った。

母が傍らをすり抜け、ぱたぱたと玄関へ向かう。

窓の外を見ると、玄関前のど真ん中に叔父の車が停まっていた。

「お前も買ってきたのか」

仏間に入るなり、叔父が声をあげた。

ぱっと叔父を見遣ると、同じ包みを手に提げている。

「いやぁ、夢で見てさ」

「えっ、俺も」

「俺も、夢で見たんだ」

仏間に現れた父が、叔父との会話に加わった。

それから、来る人、来る人、同じ包みを提げてやって来た。

聞けば、皆、「同じような夢を見た」という。

「よく、店先で会わなかったねぇ」

叔母が、不思議そうに呟いた。

偶然にも、其れ其れ、購入した店舗が違ったり、時刻が僅かにずれていたようだ。

本当にじいちゃんが夢枕に立ったのかもしれない。そう、皆が口々に頷いた。

包装されたままでは、存分に味わえないだろうとの意見があがり、包みから出した焼きまんじゅうを、総出で皿に載せてゆく。

供物台では足りず、急ごしらえの台を設けたが、すぐにその上も一杯になった。

訪れた菩提寺の住職が、仏前に供えられた大量の焼きまんじゅうに、目を丸くした。

「幸せな仏さんですなぁ」

法要の後、焼きまんじゅうを頬張りながら、お祖父様の思い出話に花が咲いたという。

それからも、法要の前夜になると、皆、同じ夢を見ては、焼きまんじゅうを持ち寄った。

だが、不思議なことに、七回忌の法要以降。

ぱったりとその夢を見なくなったそうだ。


（書き下ろし）

炎

春南　灯

数十年前の、八月五日。暑く、寝苦しい夜のことだったという。
前橋市内にある山田さんの下宿先の部屋は、窓が一つしかなく、風通しが悪い。
廊下のドアを開け放っていたが、僅かな風も感じられず、幾度と無く寝返りを打つ。
突如、凄まじい爆音が轟いた。
闇を劈《つんざ》く閃光が走り、めらめらと赤い炎が窓を舐める。
轟音とともに、火柱が立ち、眼前の日常が崩れ落ちた。
声にならない叫びが、喉を抜けてゆく。
――皆を、起こさなきゃ！
布団から立ち上がった、その刹那。
目の前の炎が、しゅるしゅると萎んでゆく。
みるみるうちに、いつもと同じ夜の闇が戻った。
恐る恐る、窓辺に近付き外を覗く。
朧に注ぐ月明かりが、見慣れた町並みを照らしていた。

朝陽が射し込むのを待って、階下に降りると、下宿の小母さんが台所に立っていた。

信じては貰えないだろう、そう思いつつ、洗い物を手伝いながら昨夜の出来事を話す。

小母さんは一瞬、訝しむような視線を向けたが、壁に掛けられた日めくりの日付を見て、思い出したように呟いた。

「ああ、昨日。空襲があった日だ。この辺りも、酷かったんだよォ」

——空襲？

他県出身の山田さんは、この周辺の土地勘がない。

だが、言われてみれば、この一帯、同時期に建てられたような建物が多いように感じる。

朝食を食べ終え、二階にあがろうとした山田さんを、小母さんが呼び止めた。

近くの広瀬川沿いに、五百三十五名の死者を出した前橋空襲の追悼碑があるという。

山田さんは空き瓶に水を満たし、その追悼碑を訪ねた。

傍らに掛けられた、沢山の千羽鶴が、風もないのにはたはたと揺れている。

持参した水を供え、静かに手を合わせた山田さんの顔面に、熱い熱風が吹き付けた。

（二〇一七年七月二十九日「高崎怪談会8」）

金木犀

春南　灯

私が前橋に住んで、二年目の晩秋。

市内の友人宅に招かれ、週末を待って、その家を訪ねた。

椅子に腰を下ろすや否や、普段物静かな菜穂さんが、珍しく饒舌に語りだした。

つい先月、夫である洋さんの実家からの帰り道、先祖代々の墓がある墓地へ立ち寄った時のこと。

助手席から降りると、甘く、柔らかな香りが菜穂さんの鼻をくすぐった。

――何の匂いだろう?

辺り一面に漂う、その香を求めて、深呼吸する。

香りを辿った先に、小ぶりの金木犀が、橙色の小さな花を咲かせていた。

菜穂さんが香りを愉しむ様子を、やや遠巻きに見ていた洋さんは、「墓場の花の匂いを嗅ぐなんて、信じられない」と、嫌悪感を顕《あらわ》にした。

それからというもの、菜穂さんの周囲で、あの甘い香りが漂うようになったという。

「その香りがする度に、とても幸せな気分になるんです。お墓に行くのが楽しみ」

顔を綻ばせる、菜穂さんの隣で、洋さんが浮かない顔をしている。

菜穂さんが、お手洗いに立ったのを見計らって、洋さんが私に耳打ちした。

「義姉さんの話、あいつ知らないいんだよね」

「え、あのお墓の？」


その体験談は、洋さんの紹介で、義姉の美希さんが提供してくださった話だ。


義実家の先祖代々の墓は、自治体が運営しているごく小規模な墓地にある。

管理は、利用している各戸に任されており、それは長男夫婦である美希さんたちの役割であった。

お盆や彼岸、命日などの節目の前には、かなりの手入れを要する。

お盆が目前に迫った週末の午後。漸く重い腰をあげ、夫婦で墓地を訪れた。

道路から墓地へ続く通路は、誰かが草刈りを済ませた後のようだったが、墓の周りには、雑草が茂っていた。七月の彼岸に、汗だくで手入れした形跡は微塵もない。

毎年の事だが、自然の逞しさに敗北を感じる瞬間だ。

いつものように、ご主人は草刈り、美希さんは墓石の掃除に専念した。

額に滲む汗が、すっと鼻筋を伝い、袖で拭った。

ふぅっと、生あたたかい吐息が左耳に掛かり、ぱっと視線を向けた。

「いいなぁ」

隣の墓石が、雑草の上に横たわっている。

傍らの土台に拝石は無く、ぽっかりと穴が開いていた。

訪れる者が途絶えて久しい、その墓の存在を知ってはいたが、こんな状態になっていたとは、気が付かなかった。

納骨棺の中には、お骨が納められたままなのだろうか？

長方形の暗い穴に、興味を抱いた。

だが、それは、他所の家の墓だ。触れることはできない。

逸らそうとした視線を、引き留めるかのように、ぽこんと老婆の顔が現れた。

げっそりと痩けたその顔は、市松人形ほどの大きさで、驚くほど小さい。

ぽこん、ぽこん、ぽこん、ぽこん
幾つもの老若男女の顔が、まるで湧き出るように穴の中を埋め尽くしてゆく。

美希さんを見つめる、数多の瞳が一斉に瞬き、ぱっと霧散した。

——うわぁ。

草刈りに励む夫の腕を掴み、慌ててその場を後にしたという。

「その跡地に、誰かが金木犀を植えたんです」

洋さんいわく、その金木犀は、いつの間にか植えられ根付いていたという。

自治体の担当者と、近隣の住民に訊ねたが、皆、一様に首を傾げ、誰が植えたのかはわからないままだ。

「お墓参りに行きたい」

そう頻繁に、ねだるようになった、菜穂さんの事が心配で堪らないそうだ。

（二〇一六年三月二十六日「高崎怪談会3」）

モニター

春南　灯

総合病院の敷地内に、植え込みに隔てられた、小さな駐車場がある。

その駐車場は、車一台が出入りできる空間を除いて、レンガ造りの植え込みで囲われており、僅か六台分のスペースしかない。

以前、病院正面の駐車場が混雑している時に、偶然この駐車場を見つけた章枝さんは、以降この駐車場を利用するようになった。

近くの裏口を入ってすぐ小児科の受付があることから、小さな子を持つ章枝さんにとって、正面駐車場に停めるよりも都合が良いと感じられた。

こんなにも良い場所なのに、不思議とこの駐車場を利用する者を見掛けた事がない。

ママ友が正面駐車場の混雑に不満を漏らすのを耳にしても、口伝てに広まる事を避けるため、その存在は秘密にしていたという。

ある夜、子供が高熱を出し、車で病院に向かった。

時間外窓口の受付は、裏口にある。

いつもの小さな駐車スペースに車を滑り込ませて、エンジンを止めた。

後部座席を開け、チャイルドシートで、ぐったり眠る息子を抱える。

ピーピーピーピー
耳慣れた、警告音が鳴り響いた。

――バックの時の、障害物センサーの音だ。

運転席のモニターに、植え込みの木とレンガが映し出され、はっと目を見張る。

画面の端から、レンガの上を這う小さな影が現れた。

腹ばいを始めたばかりの赤子のようだ。

泣き声をあげ、母の姿を探すかのように、うろうろと這い回る。

その悲しげな様子に、章枝さんは胸が締め付けられたという。

病院に行く度、その場所をチラリと見遣るが、未だ、その駐車場を利用する者を見たことがないそうだ。


（二〇一六年三月二十六日「高崎怪談会3」）

姿なき読経

春南　灯

病院の外来で看護助手として働いていた、下村さんが体験した話。

院内の清掃を担当していた職員が退職し、後任が決まるまでの間、看護助手が分担して清掃を行うことになった。下村さんは、階段と地下の廊下を任されたという。

その日の勤務後、階段の掃除を終えて地下に下りると、突き当りの霊安室から、微かに、伸びやかな歌声が響いている。モップを押しながら、廊下を進んでゆくと、それがお経であるという事に気が付いた。

——亡くなった方の事情で、お坊さんを呼んだのかしら？

以前、身寄りのない方が亡くなった際、同様の対応をしたことから、下村さんは何の疑問も持たなかったという。

翌日、モップを手に地下へ降りると、また、霊安室から読経が漏れ出ている。

——二日も続けて？　妙だな。

少し、引っかかったが、ここは病院。そんな偶然もあるだろう。

「おつかれ!」

不意に浴びせられた、背後からの声に、びくんと肩が跳ねる。

入院病棟で勤務している同僚が、階段の踊り場から顔を覗かせ、いたずらっぽく笑った。

まだ読経は続いている。同僚に駆け寄り、小声で窘《たしな》めた。

「え?　ここ最近、誰も亡くなってないよ」

顔を見合わせた瞬間、微かであった読経の声量が一気に膨れ上がった。

凄まじい音圧に、身体の表面がビリビリと痺れ、鼓膜が激しく震える。

それはまるで、大音量のスピーカーの前に立たされたかのようであったという。

警備員に訴え、すぐに見回って貰ったが、施錠された霊安室には、誰もいなかったそうだ。

（二〇一七年七月二十九日「高崎怪談会8」）

遺影

春南　灯

廃品業を営む水島さんのもとに、懇意にしている不動産会社から、遺品整理の依頼が入った。

依頼の現場は、ひとり暮らしの高齢女性宅で、女性亡き後、その家を継ぐものが居らず、女性の親戚が現状のまま売却したという。

暫く不在だったのか、家中にホコリが目立ったが、整頓された室内の様子から亡くなった女性の性格が窺えた。

居間の隣は、立派な仏壇が置かれた仏間で、開け放たれた扉の中には、宗派の本尊の掛軸と、三体の位牌が置かれたままになっている。

長押《なげし》には、位牌の方の生前の姿と思われる、遺影が掛けられていた。

依頼書には、夕方、僧侶が仏壇の閉眼供養に来ることと、供養が必要な品以外は、売却もしくは廃棄と記されていた。

早速、作業に取り掛かったが、生前整理を済ませていたのか、今までに担当した案件と比べて、圧倒的に物が少なく拍子抜けした。

その上、全てがきちんと整頓されているので、あっという間に仕分けを終えた。

残るは、仏間だ。

だが、仏間の押し入れの中には、数枚の座布団が積まれているのみ。

僧侶が来るまで出来る作業といえば、遺影を外すこと位である。

持参した脚立に上がり、亡くなった方の夫と思しき、老人の額に手をかけた。

——んっ？

固定されているのか？　びくとも動かない。

三つの遺影全てが、壁にぴったりくっついている。

壁と額の間に、工具を差し込んで外そうと試みたが、全く動かない。

——困ったなぁ。

額の周囲を指先でなぞったが、外に留具はなかった。

——なんとか、額を壊さずに外す方法は無いか？

脚立から降りて、方法を探っているうちに、僧侶が到着した。

あっという間に、仏壇の魂抜きを終えた僧侶を見送って、遺影を見上げると、写真の三人が、なんとなく、此方《こちら》を見下ろしているように感じられた。

――あれ？　さっきと見え方が違う……。
よく見ると、壁と遺影の間に隙間が出来ていた。
濃紫色の紐が、壁と額の裏を繋いでいる。
――あれぇ？
再び、脚立に上がり額に手をかけると、驚くほど簡単に遺影は外れた。

（書き下ろし）

ドライブ

春南　灯

山田さんが友人の運転する車でドライブに行った帰り道のこと。

粕川村（現前橋市粕川町）に入った辺りで、雲間から強烈な西陽が射し、バイザーを下ろした。

道の両側には田畑が広がり、陽射しを遮るものは何もない。

曇天を割って注ぐ光は、まるで天から下ろされた梯子のようだ。

眩むような光の中に、ふらりと人影が現れた。

道路の右端から、ふらふらと横断を始めたその姿は、小学生くらいの子供のようだ。

「うわ、危ない」

声をあげたと同時に、急ブレーキが踏まれた。

がくんと上半身が前にのめり、車が停止した。

子供は此方を気にする素振りもなく、ふらふらと体を揺らしながらボールを追い続けている。

一言、注意しなければ、気が治まらない。

その様子に強い怒りを覚え、ドアレバーに手を掛けた。

「やめろ！」

友人が山田さんの右腕を強く引き、動きを制した直後、車を急発進させた。

ハンドルを握る友人の表情は硬く、強張っている。


左の路肩で佇む、子供の傍らを通過するとき、山田さんは目を疑った。

首から上が、無い。

子供の足元に、短髪の後頭部が、ごろんと転がっていた。


数十年も前の出来事だが、山田さんは、この光景を鮮明に覚えているそうだ。

（二〇一七年七月二十九日「高崎怪談会8」）

棲家《すみか》

春南　灯

数年ぶりに、山中の廃集落を訪れた米山さんは、あまりの荒廃ぶりに肩を落とした。

以前は、辛うじて姿を留めていた廃屋が、尽《ことごと》くその姿を崩している。

――もう、一軒も残ってないのか？

舐めるように周囲を見回すと、一本道の最奥に、陽射しを反射して光っているモノがある。

――青い、屋根？

確か、奥の一軒家は、三角の屋根が瓦礫に蓋をするような形で、ぺしゃんこに崩れていた筈だ。

――記憶違いか？

木々の枝葉に囲まれたその全貌を、遠目には窺い知ることができない。

ぼうぼうに茂った草をかき分け、引き寄せられるかのように、黙々と歩をすすめる。

木々の間に身を潜めるように、ひっそりと。その家は存在していた。

古い板張りの外壁は、板目が抜け、ぼつぼつと無数の穴が開いている。

ガラス窓は破れ、外観は廃屋そのもの。

だが、屋根だけが、まるで塗りたてのような光沢を放っている。

不均衡なその様が、酷く奇妙だ。

――誰かが、管理しているのか？

そっと、窓の外から中の様子を窺う。

家主が去って、幾年経つのだろう。

遮るものが無くなった部屋は、吹き込んだ風雨によって、生活の痕跡が荒らされていた。

荒廃した室内に、人の気配はない。

ゴトッ

部屋の奥から、物音が響いた。

反射的に身を屈めた、その直後。

スーッと襖の開く音に、足音が続いた。

床が抜けるのを恐れているのか、一歩々々、踏みしめるように、ゆっくり歩いている。

——家主か、それとも侵入者か？

どちらにしても、こんな人気の無い場所で、他人と鉢合わせする事は避けたい。

屈んだまま、背の高い草の中に身を移し、草の間から様子を窺った。

窓枠の中は暗く、中にいる者の姿は確認できないが、室内から響く床板の軋む音で、おおよその位置が想像出来る。息を潜め、その行方に耳を傾けた。

——少し、遠くなった？

腰をあげようとした、その時。

パァンと勢いよく、玄関の引き戸が開け放たれた。

土間に、薄緑色の作業着を着た男が立っている。

男の首元から上は、戸の枠に隠れ、その表情を窺い知ることは出来ないが、その大きな体格はまるで格闘技の選手のようだ。

——絶対に見つかりたくない。

危機感を覚え、更に身を屈める。

ひょいと戸の枠をくぐり、男が外に出た。

アルマイトの鍋を、頭にすっぽりかぶっている。
鎖骨までを覆う鍋は、四人分の味噌汁を作るのに適した大きさの、小さな鍋だ。
体躯の割に、頭が異様に小さいのか？　見れば見るほど、奇妙だ。
男は、ゆらゆらと鍋を揺らしながら、何かを探すように家の前を歩き回る。
——どんな顔をしているんだろう？
好奇心に駆られ、つい身を乗り出しすぎて、不意に体勢が崩れた。
転ぶまいと踏ん張った足先が、草の上を滑りガサガサと大きな音を立てた。
歩き回っていた男が、びくんと両肩を震わせて立ち止まった。
「こわいこわいこわいこわいこわいこわい」
男の絶叫が、山彦のようにこだました。
予想に反した、その挙動に面食らう。
わたわたと逃げるように駆け出した男は、家の裏に広がる山中に姿を消した。
我に返った瞬間、ガクガクと膝がわらいだす。
何度も転び、傷だらけになりながら、米山さんは、その廃集落を後にしたそうだ。

（書き下ろし）

だるま

春南　灯

年末に、他県から前橋市に越してきたばかりの、篠田さんのもとに、どんど焼きの日程を知らせる、回覧板が回ってきた。

顔なじみ以外は受け入れない雰囲気だったらと、少し不安であったが、近隣の様子を知るためには丁度良い機会だと、その日程をカレンダーに書き写した。

一月中旬、役目を終えた正月飾りを携え、五分ほどで辿り着いた、その公園の様子に唖然とした。

会場である公園の広場の中央に、幅五メートルほどの大きな穴が掘られている。

その穴に、正月飾りだけでなく、役目を終えた御札、縁起物に加え、幾つものダルマが、無造作に積み上げられていた。

その様子は、自分の知る『どんど焼き』とは、明らかに異なるものだ。

――すげぇな……。

公園内の様子を窺いながら、山の傍らに佇む、役員と思しき中年男性に、そっと正月飾りを差し出した。

「おつかれさん、食ってってー」

気難しそうな外見からは想像できぬほど親しげに、公園の隅のテントを指した。

白いテントの下では、二人の中年女性が、寸胴鍋の中をかき混ぜている。

勧められるまま、ふらりと近付いた。それに気付いた女性が、慣れた手付きで容器に豚汁を注いで差し出した。

それを受け取って、周囲を見回すと、振る舞われた豚汁を啜る人が、ぱらぱらと点在し、その視線は、どんどん高さを増す山に注がれている。


「さぁ、そろそろ」

古老の合図で、準備に勤しんでいた男性たちが、一斉に山の周囲を取り囲む。

ゆっくりとした足取りで、周囲を回るその様は、まるで相撲の土俵入りのようだ。

火種が差し込まれ、燃え易そうなものが焼《く》べられる。

徐々に炎が膨らみ、勢いよく燃え上がった。

鍋奉行ならぬ、どんど奉行の爺さんが、張り切って指示を飛ばしている。

「あんなに騒がんでも、黙ってたって燃えちまうよ」

隣で豚汁を啜っていた、見知らぬお爺さんが、呆れたように呟いた。

あっという間に燃え盛る炎に包まれた、ダルマ達の視線がなんとも恨めしげで、落ち着かない。

冷えた豚汁を一気にかき込んで、公園を後にした。

帰宅し、居間に入るや否や、玩具を手に寄ってきた四歳の愛娘が、鼻をつまんで顔をしかめた。

「パパぁ、くっさい」

キツイ一言に、苦笑した。

幸い、加齢による臭いではなく、煙の臭いを指摘していることがわかり、ホッと胸を撫で下ろした。

面倒だが、臭いと言われ続けるのも癪だ。

シャワーを浴びる為、浴室のドアを開ける。

昨夜の残り湯が、浴槽の中にたっぷりと入ったままであった。

――ついでに掃除するか。

やれやれと屈んで、浴槽に手を入れた。

ぬるんとした冷たさに、ぞわっと鳥肌が立つ。

手探りでゴム栓を引き抜き、シャワーの湯を頭から浴びた。

手のひらにシャンプーを載せ、ゴシゴシと頭皮に指を滑らせる。

カコォーン
カコーン
――ん?

カコォーン
カコーン
浴槽の縁に、何かがぶつかっているのか?

泡を流して、固く瞑っていた目を開けると、水面下にちらちらと赤いものが漂っている。

だが、それが何なのか、座ったままではよく見えない。

椅子から腰を上げ、浴槽の中をぐいっと覗き込んだ。

――へっ?

大きな赤いダルマが浮いていた。

描かれた黒目が、虚空を見つめている。

――なんでこんなところに?

浴槽に手を入れた。

水面に波紋が広がり、ダルマの輪郭がゆったりと揺れる。
だが、指先でそれを捉えることができない。
夢中になって水を掻き、ダルマの感触を求めた。
バシャバシャと水面は波立つが、ダルマは静止画のようにその姿を留めている。
まるで、別の空間に存在しているかのようだ。
ザンッ
底が抜けたかの如く、浴槽から水が消えた。
篠田さんの腕には、ひんやりした感覚と、無数の水滴が残っていたそうだ。

（書き下ろし）

コード　春南　灯

　就職氷河期の最中、奇跡的に第一志望の会社への就職が決まった日置さんは、これから始まる新生活に胸を躍らせていたという。

　しかし、配属になった部署には、些細な事に物言いをつける、森口という先輩社員がいた。

　理不尽な扱いを受けても、努めて明るく振る舞っていた日置さんだが、毎日のように浴びせられる罵声によって、徐々に精神が追い詰められていったという。

　梅雨前線が驟雨《しゅうう》をもたらし、来る日も来る日もじめじめと、まるで自分の心の中を現しているかのようだった。

　その日も、森口が発したヒステリックな怒声に心を裂かれた。

　共有の棚に、備品が補充されていない事に腹を立てているようだ。

「今年の新人、使えない」

　ネタを手に入れた森口の目は、水を得た魚のように生き生きと輝き、これでもかと大袈裟に騒ぎたてる。

不足に気付いてはいたが、業務に追われ手が回らなかった。

漏れそうになる溜息を呑み込み、無言で席を立つ。

台車を手に部屋を出たところで、一際大きな声が刺さった。

「使えない」

——自分は、一体何なのだろう。まるで、森口の奴隷のようだ。

抗う一言さえ返せない、そんな自分が情けなくて涙が溢れた。

北側の別棟へと続く、長い廊下をとぼとぼと歩く。

別棟の部屋の入口には、『管理室』と書かれた古めかしい札が掛かっている。

にも拘わらず、何故か、先輩社員は皆、その部屋を『備品庫』と呼ぶ。

少し先端の曲がった、古い鍵を挿し込み、ガチャガチャと揺らす。

鈍い音がたつと同時に手応えがあり、ひと呼吸してドアノブを回した。

薄暗い室内から、カビ臭い独特な臭気とともに、地下室のような冷たい湿気が溢れ出た。

できれば長居したくない環境だ。

だが、戻ったところで、待っているのは森口のイヤミ。

――ゆっくりやるか。

鉄骨が剥き出しの、簡素な造りの空間に、十列ほどのスチール製の棚が、整然と並ぶその様は、まるで倉庫のようだ。

のろのろと通路を進み、必要な備品を台車に乗せてゆく。


「新人か？」

不意に声を掛けられ、驚いた。

いつ、部屋に入ってきたのか？

通路の突き当りに、背の高い男が佇んでいる。

棚の高さと同じ、おそらく二メートルはある細身の身体は、まるで糸のようだ。

――他の部署の人だろうか？

入社式や、歓迎会、新人研修で、社内の人間は把握しているつもりだった。

――こんなに特徴的な人、一度挨拶したら印象に残る筈。となれば、初めて会う人だ。

挨拶しておこう。

「はじめまして、営業課の日置です」

うやうやしく、深めにお辞儀をした。

節電で蛍光灯が間引かれた室内は薄暗く、その表情を窺い知る事はできない。

あるべき返答の代わりに、舌打ちが響いた。

「ここに仕事はない」

「え？」

「出ていけ！」

ただ、挨拶をしただけなのに……。

虫の居所が悪いのか？

「でも、まだ、必要な備品が……」

台車を指して食い下がったが、怒声が言葉を遮った。

「出ていけぇ！　今！　今ぁ！」


痺れるように、全身が戦慄《おのの》く。

今にも、殴りかかってきそうな勢いだが、男は、通路の突き当りから一歩も動かない。

右の拳を何度も振り上げ、此方を威嚇する、その姿は、まるで玩具の人形のようだ。

――気味が悪い。

部屋の出入り口へ、台車の向きを変えた。

背後に纏わりつく、ねっとりとした気配に足が縺《もつ》れる。
一刻も速く、この空間から逃れたい。
部屋を飛び出し、ドアノブに手を掛けた。
僅かなドアの隙間から、通路の奥が窺えた。
男の真上で、天井の鉄骨から下がった、白いコードが揺れている。

ぶらん
ぶらん
ぶらん

ブランコのような動きを繰り返す。
——何？
好奇心に背中を押され、ドアを引いて、中を覗き込んだ。
——え？
男の首に、白いコードが食い込んでいる。
足元には脚立が転がり、両足は空中に浮いていた。

――長身じゃなかった……。

小柄な男が、力なくゆらゆらと揺れる。

腰が抜け、その場にへたり込んだ。

――誰かぁ、だれかぁ！

助けを求めたが、掠れて声にならない。

「だれかぁ……」

声をふり絞った、その時。

俯いていた男が、ゆっくりと此方に視線を向け、応えるように右手を挙げた。


翌週、部内の飲み会の最中に、酔った森口が、かつて管理室にあったという、管理課の話を始めた。

「あそこはなぁ、出来の悪い奴を辞めさせる部屋っ！　昔なら、お前はとっくに管理課行きなんだよっ！」

赤ら顔で、此方を指した。

愉快そうに嘲笑する森口を、諫める者はいない。

皆、我関せずといった様子で、手元の携帯の画面に視線を落としている。

――こういう会社、なんだ。

競争を勝ち抜いて入った会社だから、退職という選択肢は無かった。

だが、この一件で、すっかり目が覚めた日置さんは、翌朝、辞表を提出して、会社を辞めた。


（書き下ろし）

「焼きまんじゅう」　「遺影」
「炎」　「ドライブ」
「金木犀」　「棲家」
「モニター」　「だるま」
「姿なき読経」　「コード」

春南　灯（はるな　あかり）

「高崎怪談会3」「同8」に出演。北海道旭川市出身、札幌市在住。二〇一五年から二年間、群馬県前橋市に住んだことがきっかけで、群馬好きに。趣味は彼方此方に赴いて、地元の方から地域の歴史や昔話、心霊体験談を伺うことと、名物を喫食すること。単著『北霊怪談　ウェンルパロ』、共著『百物語サカサノロイ』『稲川淳二の怪談冬フェス〜幽宴二〇一八』（すべて竹書房）。怪談イベント『雑談怪談』主催。ツイッター　@AKariHaruna

ほうたいさん

夜馬裕

入口に鍵のかかっていない蔵の中で、何故か飢えと脱水で衰弱し、入院した友人がいる。

そんな話を聞かせてくださったのは、私の知人の英介さん。彼の古い友人である京太郎さんが、人探しの末に二日間行方不明になり、最後は衰弱した姿で発見されたという。これはその京太郎さんが、病室で英介さんに語った話である。


夜の仕事が長かった京太郎さん、どうにも堪え性がなくひとつの仕事が長続きしない。その日も飲食店の仕事を辞めたばかりで、馴染みの酒場で昼から酒をあおりつつ、お金がないのに明日からどうしたものかと、店主に愚痴をこぼしていた。

しばらく店主相手にくだを巻いていると、突然、少し離れた席に座っている男性から声をかけられた。歳の頃は三十代半ばだろうか。同世代に見えるが、はるかに落ち着いた雰囲気である。そして男性は、飯塚と名乗ったあと、「もしお金に困っているなら、謝礼を出すので、妹探しを手伝ってもらえないか」ともちかけてきた。

事情を聞いてみると、飯塚さんには歳の離れた妹がおり、早くに両親を亡くした後は彼が大学を中退して働き、親代わりでずっと面倒をみてきたという。随分苦労したようで、だからこそ妹が東京の大学へ進学を決めた時は本当に嬉しかった。ひと安心できると思ったのも束の間、妹は慣れない東京の生活に加え、引っ込み思案なので大学でも友人を作ることができず、「もう大学を辞めて帰りたい」とよく電話してくるようになった。

飯塚さんはそんな妹を励ますために、毎日のように電話をしていたのだが、ある頃から急に妹の様子が明るくなった。最初こそ安心したものの、人格が一変したかのような態度に、徐々に違和感を覚えるようになってきた。

当初、妹は何があったのかをはぐらかしていたが、心配になった飯塚さんがしつこく訊ねると、「ほうたいさんを部屋に祀《まつ》って、毎日祈っているおかげ」と言い出した。そして、「叔父さんにもらった」とも。

飯塚さんには、亡くなった父親の弟、つまり叔父がいるのだが、この叔父夫婦は非常に変わり者で、何やらよくわからない新興宗教のようなものを信仰していた。小規模な団体のようで、もしかすると叔父夫婦が教祖のような立場なのかもしれない。昔はよく両親の元へ、勧誘やら金の無心で押しかけて来ており、幼い飯塚さんの目にも気味の悪く映る二人であった。だから両親が亡くなった時、何があっても叔父夫婦にだけは世話になるまいと固く心に決めて、苦労しつつも独りで妹を育ててきたのである。

叔父夫婦には、ここ数年ずっと連絡をとっていない。もちろん、妹の東京の新居や連絡先など教えたこともない。それなのに、知らぬうちにこっそり妹へ連絡をとり、「ほうたいさん」なる怪しげなモノを送りつけ勧誘していたわけである。

妹に事情を問い詰めたのだが、部屋に祀ってある「ほうたいさん」というご神体に毎日毎晩手を合わせていることと、「おかげですっかり元気になった」ということ以外、まったく話の要領を得ない。

「そんな変なモノを拝むのはやめたほうがいい」「叔父さん夫婦とは付き合わないほうがいい」そう強く忠告したのだが、やがて妹はすっかり怒り出し、「お兄ちゃんはもう連絡してこないで！」と叫んで電話を切ると、二度と兄からの連絡に応答しなくなった。

結局、そのまま妹とは二か月以上連絡がとれなくなった。あまりに心配で、様子を確かめるため、まさに今日、東京へ出て来たのだが、妹のマンションを訪ねてもまったく部屋から出て来ない。玄関のドアへ耳を当てると、中から物音がするので部屋には居るようだが、インターホンを押してもドアをノックしても、無視され続けたそうである。

どうしたものかと途方に暮れて、マンション近くに見つけた飲み屋へ入り、一杯やって心を落ち着けようとしていたのだが、ちょうど失職した京太郎さんとこうして居合わせたので、思いきって妹探しを頼むことにした、というのが事の次第であった。

依頼内容は簡単である。自分の代わりに妹のマンションへ行き、安否を確認してほしい。そして可能なら妹をうまく説得して、飯塚さんに引き合わせてほしい、というものだ。

最初は面倒なので断ろうとした京太郎さんだが、謝礼三万円を前払いするので、安否だけでも確認してもらえないか、もし二人を引き合わせることに成功したら、謝礼をさらに七万円追加して、合計十万円払うと言われたので気分がすっかり変わった。

妹探しを引き受けることを伝えると、飯塚さんは大喜びして、謝礼の三万円を前払いしてくれた。そして二人は連れだって店を出ると、そのまま妹が住むマンションまで歩いて行き、玄関口で互いの携帯電話の番号を交換したうえで、飯塚さんは「近くに泊まれるホテルを探すので、うまく妹に会えたら連絡してほしい」と言い残してその場を去った。

ただ、いざ部屋の前に立つと、どうやってドアを開けさせるのがよいか、すっかりわからなくなってしまった。宅配便のふりをしようかとも思ったが、小芝居などできない性格である。もう先に前金はもらっているんだ、別に出て来なくても構わない……と居直ることにして、「どうも！　お兄さんに頼まれて様子を見にきました！」と大声を出しながら、インターホンを何度も押して、さらにはドンドンドンと玄関を叩きはじめた。

しばらくそれを続けたが、人の出てくる気配がまるでない。ただ、ドアに顔を近づけると、中からはガサガサ……と動き回る音がする。出て来ないだけで、どうも部屋にはいるようだ。

「開けてください！　お兄さん心配してますよ！」そう言いながらずっと扉を叩き続けていると、やがて廊下を歩くパタパタという足音が聞こえ、次にカシャン、と鍵の開く音がした。しばらく待ってみたのだが、玄関を開ける気配がない。仕方がないので、ドアノブをガチャリとひねり、玄関を開けて中を覗き込んだ。

玄関口から薄暗い廊下が真っ直ぐ続いているが、人影はどこにも見当たらない。「ごめんください！」と大声を出してみたが、やはり返事はない。暗がりに目をこらすと、壁一面に、汚れた布が貼られている。細長い包帯のような布地が、壁全体に貼り付けられているのだ。脳裏に「ほうたいさん」という言葉がよぎり、ゾワッと鳥肌が立った。

「これは、思ったよりマズいことになっているのでは……」そう感じた京太郎さん、酔いも急に醒めて、廊下の奥へ向かって「ごめんください！　お兄さんが心配しているので来ました！」と大きく呼びかけたが、物音ひとつ聞こえない。

これを見て、何もなかった、元気そうだった、と嘘をつくわけにもいかず、意を決して靴を脱ぐと、「すみません、お兄さんに頼まれたんです。失礼します！」と言いつつ、暗い室内へと足を踏み入れた。

廊下は数メートル続いており、入口近くには台所や洗面所、トイレや風呂場らしきドアがある。少し先へ進むと、右側、そして突き当たりに、ひとつずつ扉がある。まずは右の扉を開けると、そこは四畳半ほどの寝室であった。物は少なく、ベッドと棚があるだけで、人の気配はない。次は、突き当たりの扉を開けた。

その瞬間、物凄い異臭が鼻をついた。

震える手で電気のスイッチを探し明かりをつけると、そこは六畳ほどのリビングであった。床には足の踏み場がないほど物が散乱しており、壁には廊下と同じく、黄ばんで汚れた包帯が、隙間もないほど大量に貼り付けられている。

匂いの正体は、すぐにわかった。

部屋の真ん中に小さな机があり、その上には、大きな白い皿が乗せられている。その皿の真ん中には、ネズミの死骸が、まるでメインディッシュのように載せられていた。ご丁寧に、皿の両脇には、ナイフとフォークまで添えてある。食べた形跡はないが、死骸は激しい腐臭を放っていた。

あまりの光景に思わず悲鳴を上げたが、すぐに我に返り、急いで部屋を見渡した。

おかしい。どこにも人の姿がない。散らかっているとはいっても、六畳程度の一室である。隠れるような場所も見当たらない。でも先ほどは、明らかに室内に人の気配がした。何より、玄関の鍵が開いた音を聞いている。誰も居ないはずはない。

何度室内を見渡しても、やはり人の居る様子がない。先ほどの寝室か、あるいは洗面所にでも隠れているのだろうか。そう思いリビングを出ようとした時、背後でパチンと音がして電気が消えた。驚いて振り向いたが、暗い部屋には誰の姿もない。途端に恐怖が膨れ上がり、我慢できずにウワッと声を上げて、転げ出るようにして妹宅から飛び出した。

自宅のアパートへ逃げるように帰宅すると、部屋には半同棲している恋人の美由紀さんが居て、キッチンで料理を作っていた。美由紀さんは彼の顔を見ると、「今夜は京ちゃんの大好きなシチューだよ」と言って、にっこりと微笑んでくれた。

やっと人心地ついて安心した京太郎さん、シチューを混ぜる彼女に「今日ヤバいことがあって……」と、起きたことを順に話した。美由紀さんは「うん、うん」と鍋を回しながら優しく聞いてくれる。

やがてシチューが出来上がり食卓を囲む頃、ようやく彼の話が終わると、それまで穏やかに聞いていた美由紀さんが、急に「ぎゃはははは」と笑い出した。

京太郎さんの目の前では、恋人が狂ったように大笑いし続けている。やがて、笑いながら「あんたが変な話ばっかりするから、こんなもん出てきたじゃない」と言って、シチューの入った皿から、べっちょりと汁で濡れた紐のようなものをフォークでつまみ上げ、それを、びしゃっ、と京太郎さんの前に投げつけてきた。

黄ばんだ、包帯の切れ端であった。

そして美由紀さんは急に笑い止むと、唖然としている京太郎さんへ向かって、「なにジロジロ見てるんだよ、この野郎っ！」と怒鳴り、両手で机をバンッ！　と激しく叩いた。そして、机を蹴り飛ばすように立ち上がると、寝室にしている奥の部屋へ行き、ピシャッ、と襖《ふすま》を閉めてしまった。

あまりのことに驚きながらも、京太郎さんは後を追って寝室の襖を開けた。ところが、部屋の中に美由紀さんの姿がない。「おい、美由紀？」と叫びまくりながら狭いアパートの中を探し回ったが、恋人の姿は煙のように消えていた。

パニックになって部屋を飛び出した京太郎さん、アパートの階段へ腰を下ろすと、外の空気を吸いながら、何とか心を落ち着けようとしたのだが――。

「あっ、もう帰ってたんだ。今夜は大好きなシチューだよ！」そう言いながら美由紀さんが、アパートの階段を上がってくるではないか。

京太郎さんは混乱する頭を整理できないまま、「頼む。お願いだから、今日は一人にしてくれ」と懇願し、「何それ。帰れとか、ひどくない⁉」と怒って立ち去る恋人の後ろ姿を見送りながら、一連の出来事は何だったんだ……とその場に呆然と立ち尽くしてしまった。

しばらくぼんやりしていると、携帯電話が鳴っていることに気付いた。出ると飯塚さんで、「どうして何時間も連絡してくれないんですか！」と強い口調で責められた。京太郎さんは非礼を詫びつつ、怪異の部分は除きながら妹宅の様子を伝え、「かなり良くない状況にあるのでは……」と話すと、飯塚さんは「実は僕も見たんです」と言ってきた。

どうやら、京太郎さんからの連絡がないので不安になり、改めて妹の家へ行ってみると、玄関のドアが半開きになっている。心配になり部屋へ上がったところ、京太郎さんと同じく包帯だらけの壁やネズミの死骸を見て、これは本格的に妹がおかしくなってしまった、と確信した。そして、飯塚さんが数年ぶりに叔父へ電話をすると、案の定、妹は叔父夫婦の家に滞在しており、現在は精神を高める修行をしているという。飯塚さんが「妹を返せ！」と怒鳴っても、叔父は平然とした口調で、「自分の意志で居るのだから、返せも何もないだろう。心配なら迎えに来ればいい」と言ったそうである。

そして飯塚さんは、「明日は叔父夫婦の家へ妹を迎えに行くつもりです。ただ、彼らは自宅で怪しげな宗教をやっているので、妹を巡ってトラブルになるかもしれません。同行者に男性が居てくれると助かるので、私と一緒に行ってくれませんか」と頼んできた。

これまでの出来事で充分に恐怖を感じている京太郎さんは、「もう関わりたくない」と断ったが、「妹に無事会って連れ帰ることが出来たら、お約束の七万円をお支払いしますよ」と飯塚さんが報酬をチラつかせてくる。やがて説得されるうちに、「それだけのお金があれば、今月の家賃が支払えるし、仕事をクビになった自分には大金だ」という思いが強くなり、結局、断りきれずに翌日の同行を引き受けてしまった。

その夜は不安であまり寝付けなかったのだが、ようやく眠気が襲ってきた朝九時、飯塚さんが約束通り車でアパートの前に現れた。京太郎さんが、精神的な疲労と眠気でぼんやりとしたまま車に乗り込むと、それを察したのか、「目的地まで五時間以上かかるので、後部座席でゆっくり眠ってください」と言われた。

飯塚さんが言うには、叔父夫婦の家は、静岡県の山間部の奥地にあるそうで、かなり集落から離れた場所に住んでいるという。時間が相当にかかる、道に迷うかもしれないと言われたので、京太郎さんは運転を彼にまかせ、着くまで寝かせてもらうことにした。

ただ、眠る前にふと思い至り、事の顛末《てんまつ》を簡単にまとめて、頼れる友人宛てに連絡しておくことにした。山奥の宗教施設である。たとえ男二人で行っても、何があるかわからない。もし危険な目に遭ったら……という恐怖が込み上げて、眠い目をこすりながらも、「もし明日になっても連絡がなかったら、トラブルに巻き込まれたと思って通報してほしい」というメールを友達の英介さんにだけ送っておいた。そして、飯塚さんから聞いた目的地の住所や、もしもの時のために、同行する飯塚さんの氏名も伝えておいた。そこまで済ませると、今度こそ京太郎さんは吸い込まれるように眠りについた。

目が覚めたとき、窓の外はすでに夕暮れの赤で染まっていた。昨晩眠れなかったからだろう、ぐっすりと七時間以上も眠ってしまったようである。周囲を見ると、いつの間にか木々生い茂る山道を進んでいる。そして、飯塚さんが長時間の運転に疲れた顔で、「少し道に迷って時間が遅くなりました。もうすぐ着きますよ」と声をかけてきた。

しばらく山道を行くと、道が行き止まりになった。どうも、この先はしばらく徒歩らしい。完全に舗装の途切れた山道を十分ほど歩くと、木々の間に大きな蔵が見えてきた。そして蔵の前に立つと、「ここです」と飯塚さんが言う。とはいえ、家ではない。ただの蔵である。驚いていると、「叔父夫婦は変人ですから……」と飯塚さんは嫌そうな声で呟いた。

インターホンなどあるわけもない。飯塚さんが、ドンドンドン、と蔵の入口を叩き続けると、しばらくしてから蔵の大きな鉄扉が、ギギギィッ……と開かれた。

蔵の中は、まともに電気が通っていないのか相当に暗い。部屋の奥で蝋燭《ろうそく》の灯りが揺れているのがわかる。そして入口には、薄汚れた白装束を着た初老の男女が立っていた。この二人が叔父夫婦なのだろう。細い目で無表情に見つめてくる顔も不気味だが、何より首や手首など、装束の開いた箇所から、身体に巻きつけた包帯が覗いているのが気味悪く、一体この人たちが何の信仰を持っているのかすら想像できない。

飯塚さんが「妹はどこですか！」と強く迫ると、叔父は「奥に居る。まあ入れ」と低い声で唸るように言った。それを聞いた飯塚さんは、叔父夫婦を押しのけるようにして蔵の中へ入っていく。紹介もない京太郎さんに対して、叔父は誰と訊ねることもなく、「あんたも入れ」とまた唸るように言ってきた。

まったく蔵に入りたくないが、どんどん陽が落ちる中、独りで外に居るのも心細い。仕方なく京太郎さんは、案内されるがままに鉄扉をくぐり、蔵の中へと入って行った。

きちんとした電球などはかけられていない。蔵の壁に開けられた、窓代わりの通気口から、わずかな外の光が入るだけで、あとは所々に置かれた小さな電灯が、暗闇に浮かぶように点在している。ただ、蔵の真ん中だけは何本もの蝋燭の灯りで煌々と照らされており、そこには、見るからに手造りという、小さな机ほどの祭壇らしきモノが置かれていた。

近づくと、それは中途半端に折れた木材や、大小様々な金属片、服の切れ端や包帯を縫い合わせた布などで作られており、その適当さがむしろ禍々しさを引き立てている。

その祭壇の奥に、白装束を着て、やはり首や手に包帯を巻いた若い女性が座っていた。飯塚さんと言い争っているところを見ると、これが妹なのだろう。ひときわ大きな声で、「私帰らないから！」と叫んだ。

飯塚さんは妹へ詰め寄って、「何があっても連れて帰る。こっちは男が二人だから、力づくでも連れて行く」と何度も繰り返す。妹はやがて抵抗を諦めたのか、「わかったよ、お兄ちゃんと帰る」と言い、「でも、夕方の御参りが終わるまで待って」と続けた。

するとと、横から現れた叔父も「そうしなさい。夕方の御参りは済ませて行きなさい」と妹へ加勢を始めた。そして、「人の家に勝手に上がり込んでいるんだ。君たちも今だけは我々のやり方に従って、一緒に御参りをしなさい」と厳しい口調で迫ってくる。すぐにでも帰りたい京太郎さんは、すがるように飯塚さんを見たのだが、彼はそれを無視するように、「いいでしょう。では、私たちも御参りに参加します」と言い出した。

祭壇の前に叔父と叔母が座ると、その後ろに妹が一人で座り、京太郎さんと飯塚さんは妹の後ろへ並んで座らされた。そうしてはじまった「御参り」という名の儀式は、叔父が、うぉおお、うぉおおお、と野太い声で唸り、横に座った叔母は無言のまま、木片や陶器を金属棒でポクポク、チンチン、と叩き続ける、というものだった。

何がありがたいのやら、妹はその後ろで、一心に手を合わせて祈っている。横目に見ると、飯塚さんまで、手を合わせ目を閉じて真剣な表情を浮かべている。馬鹿げた光景のはずなのだが、暗闇の中、蝋燭に照らされた祭壇の前で行われると震えるほど恐ろしく、京太郎さんは「早く終わってくれ」と心の中で願い続けた。

しばらくすると、叔母がスッと席を立ち、祭壇横の暗がりへ消えて行った。十秒ほどして戻ってきた叔母の両手には、大きな皿が握られていた。その皿には、大きなネズミの死骸が載せられている。そして、死骸の皿を祭壇に捧げるように置くと、今度は両手に蝋燭を持ち、その炎で死骸の表面をジュウジュウと焼きはじめた。

一気に、獣の焼ける厭な匂いがあたりに立ちこめる。もはや、京太郎さんはあまりの気持ち悪さに卒倒しそうになってきた。もう無理だ、もう限界だ——。そう思った時、ポケットで携帯電話がブルルルと震えた。

こっそり見ると、朝メールを送った友人から返信がきている。ただ、その書き方が妙である。出だしから、「お前、何かの懺悔《ざんげ》のつもりか？」と怒り口調で始まっているのだ。

友人からの返信は、要約するとこうだ。

お前、何かの懺悔のつもりか？　飯塚君だろ、覚えてるよ。小中学校、ずっと同級生だったじゃないか。

お前、ずっと飯塚君のこと虐めてたよな。彼は酷いアトピーだったから、よく包帯を巻いて学校に来ていたけれど、それを馬鹿にして、包帯野郎、ミイラ野郎と呼びながら、殴ったり、包帯を破ったり、アトピーを紙ヤスリでこすったり、やりたい放題だったよな。

可愛い妹さんがいて、お兄ちゃんに懐いててさ、だからお前、わざと妹の前で虐めて、二人を泣かせたりしてただろう。そのうち周りも引いてきて、やり過ぎだよ、と止めるようになったら、お前変にムキになってさ、ますます飯塚君に酷いことをし続けて、結局最後には、彼の口に死んだネズミを突っ込んで、大問題になったじゃないか。

そのことを、今さら、俺に向かって懺悔してるのか？　彼の名前を今頃出して、包帯や、妹や、ネズミの変な作り話をして、一体お前は何が言いたいんだ？

そんな内容が、友人から長文のメールで届いていた。

読み終えた京太郎さんは、フラッと目眩《めまい》を覚えた。

そうだった。何故、忘れていたのだろう。

飯塚くん。虐め。彼の妹。包帯。暴力。ネズミの死骸……。

突然蘇った記憶に衝撃を受けていると、横にいる飯塚さんが「どうしたんですかぁ」と間延びした、笑いを含んだ声で話しかけてきた。そして、「顔色が悪いですよ。だいじょうぶですかぁ」と言いながら、着ている長袖シャツの腕をまくり上げていく。

腕には、ぐるぐると包帯が巻かれていた。

その包帯をさすりながら、にっこりと微笑みかけてくる。

気づくと、皿に載ったネズミの死骸を持った叔母が目の前に立っていた。

ずっと無言だった叔母は、「どうぞ」と一言冷たく言うと、そのまま皿を床に置き、ズズッ、ズズッと、京太郎さんのほうへネズミを押し付けてくる。

硬直したまま動けない京太郎さんの腕を、飯塚さんの包帯を巻いた手がグッと掴んだ。

そして、「ほら、食べなよ。きみ、こういうの大好きでしょ」と、耳許で囁いた。

途端に蝋燭の灯りはふっとかき消え、あたりは一瞬で闇に包まれた。


その後のことは、わかっていない。

京太郎さんは二日後に、蔵の中で危険な脱水状態で発見された。

メールを受け取った友人の英介さんは、妙なメールに返信をした後、一向に彼から連絡がないので不安になり、恋人の美由紀さんへ連絡をとった。すると美由紀さんも連絡がつかず困っていると言う。二日間音信不通が続き、万一のことがあってはいけないと思い、メールに書かれた場所を警察へ伝え捜索を依頼すると、果たして、山奥の使われていない蔵の中で、衰弱しきった京太郎さんが見つかった。

当然事件性も疑われたが、蔵の中に積もった埃には彼の足跡しか見当たらなかったこと、身体に一切暴力の形跡がないこと、蔵の鍵は開いており出入りが自由だったことから、一種の錯乱状態にあった京太郎さんが事故を引き起こした、という結論に収まった。

何より、京太郎さんは警察の聴取に対して、蔵の灯りが消えるまでのことはスラスラと話すのだが、真っ暗になった後に何があったのか、何故二日間蔵の中に居たのか、その間のことは一切話さないのである。

話さないというか、質問がそこに及ぶと、急に表情が消え、まるで人形のように無反応になってしまう。警察も困惑して、結局、それ以上追求することが出来なかった。

もちろん警察は、話に出てきた飯塚さんにも連絡したそうである。静岡県在住の同姓同名、元同級生の飯塚さんは、昔は京太郎さんにずいぶんと酷いことされたのは確かであること、ただ高校生になってからは一度も会っていないこと、妹とは今でも一緒に住んでおり東京の大学などには行っていないこと、ましてや妹探しなどを人に頼んではいないこと、そんな話を警察にしたという。

そうして、最終的には事件性なし、ということで落ち着いたようである。

私に話を聞かせてくれた友人の英介さんも、不審なことが多いので彼なりに調べたそうだが、何が起きたのかまったくわからなかった。京太郎さんには何度話を聞いても、真っ暗になる所で話が必ず途切れて、最後まで何を聞いても答えてくれなかったそうである。

「そんなわけで、これ以上のことは、僕も何もわからないんです」

英介さんは、そう言って話を終えた。京太郎さんは精神的ショックが大きかったのか、退院後もぼんやりすることが多く、まともに働くことも出来なくなり、最終的には実家の両親が九州の故郷へ連れ帰ってしまった。恋人ともうまくいかなくなったようで、美由紀さんとも別れたそうだ。

ただ、最後に英介さんは、「関係あるのかはわからないのですが」と前置きをしつつ、「事件から一年経った頃、元彼女の美由紀さんから結婚式の招待状が届きました。結婚相手の名前を見て驚きましたよ。あの、飯塚さんがお相手だったんです。何か薄気味悪くて結婚式には行きませんでした」

「今改めて思い返すと、想像以上に恐ろしいことが起きていたのでは……時々そんな気持ちにもなるんです」

そう話を締め括ると、彼は厭そうな顔でため息をついた。


（二〇一九年七月六日「高崎怪談会16」）

死猫三景

夜馬裕

【その壱】

オトコはもうこりごり、と言っていた洋子さんに恋人が出来た。

三十五歳で離婚してからは、ライター仕事に精を出し、稼いだお金は趣味の美食と酒に遣い、たまに軽い関係の恋人を数人作っては遊ぶという優雅な独身生活を送っていた。

実際は繊細でロマンチストな面も多々あるのだが、たぶん頭の回転が良すぎるせいなのだろう、ついつい他人に厳しく、時として毒舌家になってしまう。とても素敵な人なのだが、頭が良くて稼ぎが良く、しかも自分の痛い所をズバッと指摘してくる女性というのは、男としては恋人にするのをためらってしまうようだ。洋子さんも「自分はこのまま独り身を通すだろうな」と思っていたという。

ところが、仕事先のパーティーで出逢った同じライターの涼太さんという男性に運命の一目惚れをして、四十歳を前に将来を本気で考えられる相手と恋におちた。

「ほら私、ひょろっと細くて背が高いの好きでしょ。あと切れ長の目。マッチョな男は嫌なのよ。彼は、穏やかで、物腰が柔らかくて、知的で、笑顔が優しくって。私のほうが稼いでることだって、僕らはお互い好きな仕事を一所懸命してるだけだよと言って、まるで気にしないでいてくれる。私にとっては最後のタイミングで現れた理想の王子様だったのよ。馬鹿みたいに聴こえるだろうけど、本当にそんな気持ちだった」

場所は新宿の喫茶店。ここまで話すと彼女の表情が一転して曇り、しばし俯《うつむ》いて珈琲を啜りながら、「あの時までは……ね」とポツリポツリと語り出した。

付き合い出して半年は、いたって順調だったという。涼太さんは群馬県在住、洋子さんは東京都在住と離れていたので、お互い一人暮らしだったこともあり、涼太さんは東京にある洋子さんの家へ毎週のように通い、二人の関係は日を追うごとに深まっていった。

ただ洋子さんにはひとつ不満があった。

彼の家にも遊びに行きたいのだが、遠いから、田舎だから、散らかっている、友だちが来ているなど、毎回いろんな理由でやんわりと断られる。一時は他に女が居るのかと疑ってみたこともあるが、落ち着いて考えればそんなそぶりも一切ない。

そこである日、「どうして家に呼んでくれないの?」と思い切って聞いてみたところ、最初は誤魔化そうとしていた彼も、はっきりした性格の洋子さんの詰問に耐えかねたのか、実は数年前、同棲していた恋人に死なれたことがあって……と話しはじめたという。

当時の恋人は神経質で線の細い性格をしており、転職の悩みでうつ病を患ってからは精神状態が悪化し続け、最初は支えようとした涼太さんも、雑誌ライターという忙しい仕事との両立にやがて心身消耗させていき、お互いに病んでいく生活に行き詰まってしまった。

結局彼は別れ話を切り出したのだが、それを無言のまま聞いていた恋人は、その日の深夜、酒と睡眠薬を大量に飲んだ末に浴槽で溺死した。遺書もなく、警察は事故死と判断したが、限りなく自殺に近い死に方である。

それ以来、何回か女性と付き合ってはみたものの、自宅に呼ぶ度に死んだ恋人を思い出し、次第に関係がぎくしゃくして別れることになってしまう、そんな話を聞かされた。

涼太さんには申し訳ないけれど、洋子さんにしてみれば、恋人の自殺など世間に溢れるありふれた話である。辛い思い出のせいで恋人を自宅に招き入れることが怖いのかと思うと、洋子さんは彼のことを気の毒に思う反面、なんだか繊細で可愛らしいな、と少々不謹慎なことまで思ってしまった。

恋人が死んだ家に今も住んでいるならともかく、事件の後、前橋市内の別のマンションへ引っ越している。要は、恋人を自宅に呼ぶことで苦い思い出が蘇る涼太さんの気持ちの問題なのだから、その不安は自分が全部消してあげればいい。

「大丈夫、私となら大丈夫だから！」と不安そうな涼太さんを説き伏せて、洋子さんはようやく彼の家にも出入りするようになった。

いざ行ってみれば何ということもない。彼は洋子さんの得意な手料理に喜び、家を掃除してもらってはまた喜び、仕事一筋にみえる彼女に家庭的な一面を発見する度に二人の関係はどんどん深まっていった。

ただひとつ、洋子さんには気になることがあった。

涼太さんは時折、ふと耳を澄ますような仕草をするのだが、不思議に思った洋子さんが「どうしたの、何か聴こえる?」と聞いてみると、「いや、別に。でもこの家には、猫が居るんだよ」と妙なことを言い出すのだ。

「見かけないけど､猫飼ってるの?」と驚いて聞き返したところ､「飼ってないよ。ただ時々猫が居るんだ。その声が聴こえるかな、と思ってさ。聴こえなくていいんだけどね」と余計にわからないことを言う。

それ以上質問しても、「いいから気にしないで……」と言って彼は口をつぐんでしまう。普段の穏やかな彼とは違い、もう話したくないという頑固で険悪な雰囲気を漂わせてくるので、さすがの洋子さんもそれ以上は聞けなかったという。

涼太さんが昔猫を飼っていたことは知っている。きっと彼はその猫のことを思い出して、時々外から聴こえる野良猫の鳴き声に懐かしさを重ねたりしているのかもしれない、などと彼女なりに勝手に納得していたそうである。

そうするうちにも二人の仲はますます進展し、お互いの友人や仕事仲間にまで紹介するようになり、私も二度ほど涼太さんと食事をご一緒したことがある。やがて二人の間では、将来の話もちらほら出るようになってきた。そんな、ある日のこと——。

洋子さんはいつも通り週末に彼の家へ行き、洗面所の洗濯機を回していた。普段と違うことといえば、彼が仕事で不在、家の中で初めて一人きりになったということだろうか。

洗濯機のスイッチを入れて数分後、洋子さんがリビングでくつろいでいると、洗濯槽に水が溜まるザァという水音とともに、ニャア、ニャア、ニャアァァァと鳴く猫の声が聴こえてきた。彼の部屋はマンションの一階、さては野良猫の声でも聴こえているのかと最初は気にしなかったが、よくよく耳を凝らせば、明らかに水音に混じって苦しそうな猫の呻き声が聴こえている。

どういうこと？　家の中に猫がいるの？　と驚いた洋子さんだが、そうするうちにも、ギニャアァ、ギィニャアァァと鳴き声は悲痛な叫びに変わり、カリカリカリと浴槽を必死で引っ掻くような音まで聴こえてきた。

まさかと思い、走り寄って洗濯機の蓋を開けたのだが、当然のように猫の姿はそこになく、洗いかけの服が絡まりながら、洗濯槽のなかで揺れ動いているだけである。

気づけば、猫の声はしなくなっている。

薄気味悪くは感じたものの、やはり外から聴こえてきたのかと安心して洗濯機の蓋を閉じた瞬間、ギニャアアアアア、と絶叫に近い鳴き声が洗濯機の中から聴こえた。

腰を抜かした洋子さんは、這うようにして家を飛び出し、近くのファミレスで彼の帰りを待っていたという。

「でもね、しばらくするとさっきまでの恐怖とか驚きも落ち着いてきて、あれは何だったんだろうって少し冷静に考えられるようになった」

「さっきの声は、彼が昔飼っていた猫なのかな、きっと大事にしていて、だから今でも彼の所に来るのかな、彼が時々耳を澄ませていたのもそれなのかな、と思うようになって。そしたら急に彼のことが可哀想に感じてしまったの」

「だから帰宅した彼には、怖い目に遭った話じゃなくて、今日洗濯してたら猫の声がしたよ、あれは貴方が昔飼っていた猫かな、貴方に逢いにきたのかな、それだったらいいね。そんな雰囲気で報告したのよ」

その途端、彼の切れ長の目が更にぎゅっと引き絞られ険しい表情に変わった。

両手で洋子さんの肩を激しく掴むと、優しい気持ちで話した彼女の気分など吹き飛ぶような脅し口調で、「本当か、本当にお前聴いたのか？　おいっ！　どうなんだっ！」と叫びながら詰め寄ってくるではないか。

「やめて！」と逃げようとしても、「おいっ！　こらっ！」と物凄い剣幕で訊いてくる。

彼の勢いに圧倒されながらも、「聴こえたよ、猫の声聴こえたよ。どうしたの、あれ貴方が飼っていた猫じゃないの」と必死で答えると、やがて彼の口調はトーンダウンし、肩から手を離すと床にぐったりと座り込んでしまった。

「たしかに、あれは僕が昔、死んだ恋人と一緒に飼っていた猫だよ。道連れにするつもりだったのかな。彼女は薬を飲んで死ぬ前に、洗濯機に猫を放り込んで惨たらしく殺したんだ。酷い女だよ。気が狂ってたんだ、あいつは」

「それ以来、死んだ猫が僕に会いに来るようになったんだ。声が聴こえるんだよ、時々ね」

あはははは、と彼はしばらく笑い続けた後、突然ひどく怖い顔に戻り、「出て行け！　この家から出て行けクソ女！」と叫んだ。

洋子さんは唖然とする間もなく彼の家から叩き出され、それからは一度も彼と会っていない。すでに一か月以上経つが、彼からは連絡が一切ない。ただ、洋子さんもそれ以来、一度も彼に連絡をとっていないという。

私としては、死んだ猫の声よりも、あんなに仲の良かった二人が不可解な理由で別れてしまったことのほうが驚きである。

「将来の約束までしていたわけだし、そんな簡単に別れられるものですか？」と聞いてみると、洋子さんは「私、わかったのよ。ピンときたの……」と険しい表情で言う。

あの猫はね、会いに来たんじゃない。彼に殺されたのよ。

可愛がっていた猫が会いに来て、あんな怖い顔をするものかしら。

会いに来るのなら、猫もあんなに苦しい声で叫ぶものかしら。

何より、なぜ私に声を聞かせたの？　それも、わざわざ彼の居ない時に。

この男は危険だ、一緒に居ちゃ駄目だ、そう教えてくれた気がしたの。

思わず黙り込んだ私へ、「最後にひとつ」と洋子さんは言葉を添えた。

お風呂場で死んだ恋人、本当に自殺だったと思う？

【その弐】

「あの女の言うことは全部でたらめですよ。何ひとつわかっていない。危険だと教えてもらっているのは、むしろ僕のほうなんですから」

淡々とした、しかし強い確信を持った口調でそう語るのは、先ほどの涼太さんである。

洋子さんの話に震え上がった私だが、数日経って冷静に考えてみると、穏やかで知的な涼太さんを思うにつけ、どうも彼女の思い込みというか、すれ違いでしかないように思えてしまった。過去に何度も世話になった洋子さんなので、せっかくのいい相手と復縁出来ればと、おせっかいを承知で涼太さんに連絡をとってみたわけである。

何かを予感していたのか、涼太さんは深い理由も聞かずに二つ返事で会いに来てくれた。そんな彼に、私は彼女から聞いた話、彼女の感想を率直に伝えてみることにした。

話に聞いたように、物凄い剣幕で怒り出したらどうしようかと不安だったが、拍子抜けするくらい穏やかないつもの口調で、彼は先ほどのように言った次第である。

「猫はもともと、精神を病んだ恋人のために買ってきたんです。ペットの世話をすれば彼女の気も紛れるかなと思ったんですが、僕が浅はかでしたね。気まぐれな猫と彼女との相性は最悪で、苛ついた彼女が灰皿を投げつけてからは近くに寄り付きもしなくなった。猫は僕が面倒をみるしかなくなって、そうしたら当然僕になつく。彼女はそれが面白くなくて、ますます雰囲気もおかしくなったんです」

それからしばらくの間、死んだ恋人の良かった所や、彼女に申し訳ないことをした気持ちなどを語っていた涼太さんだが、「でもね、だからといってあんなことしちゃ駄目なんです」と一段声のトーンを低くして言った。

ある晩涼太さんが帰宅すると、恋人が珍しく上機嫌で接してくる。どうしたのかと不思議には思ったが、久しぶりの平和な時間を壊したくはない。あえて理由はきかずに二人で楽しく過ごしていたのだが、ふと、猫が居ないことに気がついた。そのことを恋人に言った途端、彼女は大笑いしたという。

そして、笑いながら彼を手招きして洗面所へ連れていき、洗濯機の蓋を開けた。

後のことは、推して知るべし。

彼は深く嘆いたあと、もはや彼女とはこれ以上居られないという結論に至った。そのことを告げると、彼女は激しく怒り、落ち込み、泣き続け、やがて数日後、彼は風呂場で冷たくなっている彼女を発見することとなった。

「でもね、死んだ彼女を見つけた時、哀れには思ったけど、不思議と悲しくはなくて。それよりも、ああ、猫を殺した報いだな、そう思ってしまった。気付いたんですよ、彼女への愛情はとっくに醒めていて、猫のほうがよほど可愛く思えていたんだな、と。仔猫を平気で殺せるような女は、死んでくれて良かったんだなって」

平坦な口調で語る彼の横顔が、急に見知ったものではないように感じて、私は背筋にぞわっと震えが走った。

それ以来、涼太さんは猫の声が聴こえるようになった。

最初は気のせいかと思ったが、洗濯機の近くに行くと、ニャアニャア……と甘えた声が聴こえてくる。猫の名前を呼びかけると、またニャアァ……と彼になつくときの声が足元から聴こえてくる。そんなことが続いて、彼は声だけの猫に話しかけたり、時々、ミルクを置いたりするようになった。

それは引越しをしても続き、今に至る。恐怖は一切感じない。むしろ魂になっても寄り添う猫に深い愛情を感じるという。

「ところが、新しい恋人が出来たとき、猫の声が変わったんです」と彼は言う。

恋人の死から一年、新しい恋人が出来た涼太さんだが、家に遊びに来る彼女が「猫の声がする」と怯えるようになった。

彼は事情を話して、「あれは魂だけになった僕の猫なんだ」と話したのだが、恋人は「そんなの嘘、だって物凄く苦しそうな声で鳴いてるよ。あれ、猫が死んだ時の声じゃないの。すごく嫌だからどうにかして」と言われてしまった。

自分には甘えた声しか聴こえないのに、恋人が聴くのは断末魔の絶叫だけ。当初は戸惑った涼太さんだが、ある時ふと思い至った。

「もしかすると、猫は怖がっているのかもしれない。前の恋人と同じように、平気で猫を殺せるような、冷酷な人間が居ると教えてくれているのかもしれない」

そう、思ったそうである。

そこで彼はやんわりと、過去に動物を殺したことがないか恋人にきいてみた。すると、彼女はあまり動物が好きではないうえ、小学生の頃、近所の悪ガキと一緒に野良猫を殺してしまったことがあるという。今は反省しているという彼女だったが――。

「やっぱり、と思いましたね。猫はわかっていたんだと。今度の女も、あいつと同じ残酷で薄汚い種類の人間なんだと。そう、僕に知らせてくれていたんですよ」

結局、その恋人とは別れることとなった。涼太さんはその後も何度か恋愛をしたが、家に呼ぶ恋人たちは毎回猫の悲痛な声を聴くことになり、その度に彼は深く失望して別れるということを繰り返してきた。

そこで、洋子さんの登場である。彼も洋子さんと同様、彼女に一目惚れしたらしい。相思相愛、今度の恋こそはと意気込む反面、真実を知るのが怖くて、彼女を家に呼ぶのをためらっていたそうだ。

「でも彼女なら大丈夫、そう信じて家に入れたんです。しばらくは何もなかったから、彼女こそ生涯を共にする相手だと確信して本当に嬉しかった。だから彼女にも裏切られたとわかった時、心底がっかりしましたよ。もう当分、オンナはいりません」

そう語り終えた涼太さんは口元をぐっと引き締め、あとは一切語ろうとはしなかった。

洋子さんとの復縁を狙った私としては、これでは失敗どころか、自分のせいで終止符が打たれたようなものである。

ひどく焦って、君の思い込みではないか、猫の声は他に理由があるのではないかなど、いろいろ話してみたのだが、彼は首を横に振るばかりで頑な姿勢を崩さなかった。

猫殺しは断じて僕じゃない。

でも間違いなく、あの女は殺したことがあるはずです。

彼の去り際の言葉である。

【その参】

事の成り行きに困惑した私は、洋子さんと涼太さんを知る共通の友人、剛志さんに相談することにした。

すると、飲み屋に現れた剛志さんは開口一番、「涼太も洋子も何もわかってない。アレは、そういうモノじゃない」と物凄く嫌そうな顔で断言するではないか。

「ええっ、どういうことですか」と目を剥く私に、彼は自身の体験を語ってくれた。

剛志さんは涼太さんの長年の友人である。だから二人が別れたと聞いた時、剛志さんは涼太さんを呼び出してどういうことか問い質した。

あんなにも、この人こそは、と言っていたくせに。どういうつもりなんだお前は。先輩でもある剛志さんに怒られるうち、涼太さんは私に聞かせたのと同じ猫の話をしぶしぶ語ったそうである。

「あんなに優しくて真面目な奴が、なぜ毎回恋人と長続きしないのかやっとわかった。でも理由を聞かされて、こいつはこのままじゃ駄目になると思ったよ」

「涼太には、お前はまだ恋人の自殺のショックから立ち直っていないんだ。変な幻聴や思い込みに惑わされているだけだと言い聞かせたんだけど、まったく埒《らち》があかなくて」

そこで剛志さん、それなら俺が声の正体を確かめてやる、いや確かめさせろと、嫌がる涼太さんを説得して、しばらく涼太さんの家へ泊まり込んでみることにした。

「お前が居たら聴こえてこないだろう」と、涼太さんはなるべく家の外で過ごすようにさせて、涼太さんの家で一人寝泊りしながら、「早く出てこい」だの「声を聴かせろ、俺は猫殺しだぞ」などと挑発する台詞を言いながら、毎日洗濯機を回してみたそうだ。強引だけど面倒見の良い剛志さんらしい行動である。

そんな剛志さん、涼太さんの家で何事もないまま一週間が過ぎ、やがて十日が過ぎた。

「何も聴こえないぞ。全部お前の思い込みだよ。それなのに死んだ恋人や猫の話をするから、付き合った相手まで変な影響を受けるんだ！」と涼太さんに厳しく言い聞かせ、「いいか、今夜はお前は俺の家で寝ろ。朝まで俺に何もなかったら、気の迷いだったと洋子に謝って仲直りするんだぞ」と渋る涼太さんに約束までさせたそうである。

さて、その夜。

一晩中洗濯機を回しながら、来い、来い、来い、と叫んでいた剛志さんだが、夜が明ける頃までやっても何も起こらず、わかっていたこととはいえ、さすがにぐったり疲れきってしまった。

もういいや、シャワーを浴びてさっぱりした後、涼太の奴に説教しなくては、などと考えつつ剛志さんは朝風呂へ入ることにした。

不毛な呼びかけと徹夜で疲れた身体に、熱いお湯が染みわたる。あまりの心地よさに鼻歌交じりのご機嫌でいたのだが、ふと、近くから見られているような、狙われているような、肌がピリピリする気配を感じたそうである。

途端、にゃあ、にゃあ、にゃあああ、と、間近で声が聴こえてきた。

ただそれは、可愛らしい猫の声でも、苦悶に叫ぶ猫の声でもなかった。

明らかに人の声で、猫の鳴き真似をしている。

わざとらしいくらいに不気味な、にゃあああ、にゃあああ、という大声であったという。

声は、浴室の外から聴こえてくる。

ぎょっとした剛志さんは、反射的に頭を巡らし浴室の外を覗いてしまった。

浴室から直接洗面所は見えないのだが、洗面所の鏡は見ることが出来て、そこには例の洗濯機も映り込んでいる。

鏡ごしに映る洗濯機からは、女の首が飛び出していた。

頭だけを洗濯槽から出した女が、周囲をきょろきょろ見渡している。

焦点の定まらない目を宙に泳がせ、顎が外れんばかりに大口を開けると、にゃああ、にゃああ、にゃあああああああ、と叫んでいる。

やがて鏡越しに剛志さんと目が合うと、ぎにゃあああああああ、と断末魔の叫びのような声を出したあと、ゲラゲラゲラ、と大声で笑い出したという。

「着るものも着ないで、タオル一枚で外に飛び出したよ。会社も無断欠勤して、太陽が真上に来るまでマンションの踊り場で震えててさ。涼太には、アレは猫じゃない、早く家を出ろ、大変なことになるぞ、と何度も話したんだけど、あいつは聞く耳もたなくてさ。正直俺も怖くなって、それ以上深入りしてないんだよ……」

女の顔は、かつて何度も会ったことのある、涼太さんの死んだ恋人だったそうである。

あんなもんに憑かれてたら、恋人が出来ないどころじゃない。

あいつ、いつかとり殺されるんじゃないか。

俯きながら呟いて、剛志さんは酒を飲み続けた。

後日、私は改めて洋子さんに涼太さんと剛志さんの話を聞かせてみた。ところが彼女は不気味なまでの頑なさで、涼太さんが猫殺しで人殺しだ、と言い張り続ける。

涼太さんとも再度話してみたが、やはり洋子は酷い女だ、と断言する。さらには、剛志は死んだ恋人のことが好きだったから、あんな作り話をするんですよ、とも。

三者三様の言葉を前に、私はただ呆然とするばかり。ただ、思い詰めたような、頑なな目つきだけは三人とも同じである。

古典の名作がふと頭をよぎった。まさに、真実は藪の中。

涼太さんは今でも、前橋市内のマンションに暮らしているという。

（書き下ろし）

「ほうたいさん」
「死猫三景」

夜馬裕（やまゆう）
酒場、猫、映画、そして厭な話をこよなく愛する怪談師。全国各地を巡り収集した怪異の数は数百以上。カクヨム異聞選集コンテスト大賞／第7回幽怪談実話コンテスト優秀賞／第6回幽怪談実話コンテスト佳作。怪談師コンビゴールデン街ホラーズの片割れ。

雛人形の首

マリブル

私は雛人形を制作する職人――人形師である。
群馬県内に工房付きの店を持ち、自分で作った雛人形を販売している。
以前、若い御夫婦が店にいらして、生まれた娘さんのための雛人形を買って下さった。
私が作る雛人形をとても気に入って下さったそうだ。
穏やかな、感じの良い方々だった。
数年後。
その御夫婦の、旦那さんだけが店に来て、
「お雛様の、修理をお願いしたいのですが……」
と依頼された。
雛人形に黴《かび》が生えたというのだ。
確認してみると、お殿様には異常がなかった。
お姫様の、それも首に黒い黴が浮いている。
実は、雛人形には黴が生えやすい。

仕舞うときは桐箱などに入れておくのだが、お顔が傷付かないように守るため、柔らかい紙で包むのが一般的である。

その紙に黴が生えた場合、一年間包んで放置してしまうと、お顔に黴が生えてしまうことがある。

紙が当たるおでこ、鼻、頬っぺたに黴が生えるのは、毎年何件か目にしていた。

しかし、紙で包むのはお顔だけなので、普通は首に黴が生えることはない。

私が拝見したお雛様は、紙が触れていなかった首だけに黒い黴が生えていた。お顔には一切生えていない。

雛人形はお顔と身体が取り外せる仕組みになっている。

お預かりして、お顔を外し、着物の襟元や身体の中を調べたが、黴は全く生えていなかった。

おかしなこともあるものだな、と思いながら修理した。

滅多にないことだが、黴は落としても、たまに再発してしまうことがある。

そこで半年程お預かりして様子を見ることにしている。それで大丈夫なら、お客様にお返しする。

半年後に確認したら、また首だけに黴が生えていた。これはもう手直しだけでは黴を防ぎ切れないだろうと思われた。

そこで旦那さんに店へ来ていただき、私は、

「ちょっと黴が深いようで、修理だけだと直せないので、お顔ごと新しいものと交換されることをお勧めしますが……。いかがでしょう?」

そう訊ねた。

「ああ……」

旦那さんが、納得した、という声を出した。

私はその様子が、何だか変だな、と思ったので話を聞いてみると、

「実はですね」

旦那さんの娘さんは喘息を患っていたのだという。

それがどんどん重くなった。

お雛様を修理に出す一年くらい前には、大きな発作に襲われた。

余りにもひどいので、救急車を呼ばなければならなかったほどだ。

入院した病院のお医者さんからは、

「あと一回、大きな発作が起きたら、命の保障はできません」

とまで言われた。

しかしその後、ぴたりと発作が治まり、今年は無事に雛祭りを迎えることができた。

それでお雛様を出してみたら、首だけに黴が生えていた、ということだった。

旦那さんは、

「お雛様が娘の代わりになって下さったんですね……。それなら僕たちは、この顔のお雛様をこれからも、ずっと飾り続けたいと思います」

そう言って、そのお雛様を持ち帰って下さった。


（二〇一八年十月十三日「高崎怪談会14」）

赤城山の夜道

マリブル

私は十九歳のとき、浪人して前橋市内の予備校に通っていた。

ある日、走り屋の友達Aから夜遅くに電話があった。

「今から走りに行くんだけど、一緒に行かねえ？」

彼は兄とその仲間の三人でグループを組んで、毎週末に群馬県内の峠へ車を乗り回しに行っていた。

当時は群馬県内が舞台となる、走り屋を主人公にした漫画『イニシャルD』が流行っていて、彼らはその影響を受けていたのだ。

私も予備校通いがつまらなかったので、憂さを晴らしに行ってみることにした。

Aは限定もののスポーツカーを持っていて、その助手席に乗せてもらえた。

出発したのは日付が変わった真夜中過ぎで、行き先は赤城山だった。

濃い霧が出ていて、フォグランプを点けないと、前が見えない状態だった。

山を登り始める前から、後ろから車が一台近付いてきていた。

で、山道に入ってから霧が晴れてきたので、フォグランプを消して走っていた。

兄とその仲間は歴戦の走り屋で、それぞれの車でビュンビュン先へ行ってしまう。

Aは付いていけなかった。彼は走り屋になったばかりで、運転が下手だったのだ。

「安全運転でいいから。ゆっくり行こうよ」

私はそう声を掛けた。

そのうちに後ろから来る車が、霧が晴れたことで中型トラックであることがわかった。

急カーブを何度か曲がったところで、トラックがやたら近づいてくる。

「幅寄せされてない？」

「そうだね。じゃあ、少し飛ばして差を広げてやろうか」

Aは飛ばそうとしたが、彼の運転では無理だった。

トラックはぶつかりそうなくらいに近づいてきて、ピッタリ後ろに付かれた。

おまけにパッシングまでしてくる。

「これはもう、喧嘩を売られてるみたいだ。路側帯に停めてやり過ごしたほうがいいよ」

と私が言うと、Aは「……うん」と路側帯に車を停めた。

トラックは凄い勢いで追い越していったが、急ブレーキを掛けると、少し前のほうで、道を塞ぐかのように斜め横向きになって停車した。

ヘッドライトが当たっていて、よく見えたのだが、車内から筋骨隆々とした、土木作業員らしいオッチャンが降りてきた。ボンタンのような作業ズボンを穿いている。見るからに強そうだった。

これは二人掛かりでも太刀打ちできない、絶対に敵わないだろうな——と思った。Aもそう思ったらしい。

このままドアを開けないでおくしかない、と二人とも緊張して、ジッと固まっていた。

オッチャンはにこにこと笑いながら近づいてくる。

「○○△××××OOったなあ！　○○△××××OOったなあ！」

よく聞こえないが、ずっと何か叫んでいた。

こりゃあ完全にやばい人だ、と思っていると、Aがいる運転席側に来て、ウインドウガラスを右手でコンコンと叩き、ドアアウターハンドルをガチャガチャガチャッ、と開けようとする。

「鍵を掛けてて良かったなあ！」

ずっと連呼していた。何のことか、さっぱりわからない。

オッチャンは窓を叩き続けて、ウインドウガラスを「開けろ開けろ」と指示してくる。

「何だかわからないけど、ちょっとだけ開けて、話を聞いてみたほうがいいよ」

「そ、そうだなぁ……」

Ａは完全にビビっていた。それでも、十センチ程だけ窓を開けた。

「どう、したん、です、か？」

「いやよう、俺が後ろを走っていたらさぁ」

オッチャンの話によると、右回りのヘアピンカーブを曲がっていくときに、Ａの車は４ドアだったのだが、その運転席側の後部座席のドアに何かがぶら下がっていた。

それは一本の手だった。

肩の近くまである白い手が、ドアアウターハンドルを掴んでいた。

「ガチャガチャやってるのが見えたんだよ」

次は左カーブで見えなかったが、その次の右カーブになったときに、今度は白い手が運転席のドアに移って、またドアアウターハンドルを掴んでいるのが見えたという。

ドアを開けて車の中に入り込もうとしているようだった。

「これはやばい、と思ったから、おまえたちを停めて教えようと思ったんだ」

車を停めたら、その手は消えていたそうだ。

「ドアに鍵を掛けてて良かったなあ！」

「は、はあ……」

Ａがやっとそれだけ言った。

「おまえたち、無事で本当に良かったなあ！　アッハッハッハッハッハッハッ！」

オッチャンは高笑いをしながらトラックに戻り、走り去ってしまった。

「……いやいやいやいやいやいや、何なのさ？」

「……俺にも、わからねえよ」

夜道を走っていただけなのに、いきなり目撃談を報告された。

私とAにとっては、とんだとばっちりだった。

※

同じ日の昼間、私は予備校へ行って、やはり浪人だった先輩にこの体験談を語ってみた。

実はそのときから、オッチャンにからかわれたんじゃないか、と思っていたのだが……。

ここからは近年になって、その先輩と久々に再会したときに聞いた話になる。

先輩はこの話を面白いと思ったらしく、友人知人によく語っていたそうだ。

浪人していた時期に、私とは別の友達グループの前でこの話を語ったとき、熱心に聞いていた男友達がいて、こう言ってきた。

「ああ、良かった俺、その話を聞いといて！」

彼は既に就職していて、仕事の都合で赤城山の同じ道を車でよく通るのだが、運転席のドアの鍵をいつも掛けずにいたのだという。

「今度から、ちゃんと鍵を閉めて行くようにするよ」

このときはそれだけだったが、その後、先輩は大学に受かった。

一段落したので、同じ友達グループでまた集まろう、ということになった。

それで当時、前橋駅前にあった映画館へ顔合わせがてら、映画を観に行くことになった。

皆が集まってチケットを買い、入場時間が来るまでの間、立ち話をしていた。

すると以前、熱心に先輩の話を聞いていた友達が、

「いやぁ、あのときはありがとう」

と、こんな話をしたという。


彼はあれからしばらく経って、また赤城山の上のほうまで仕事に行った。

帰りは夜になって、真っ暗な下り坂で車を走らせていた。他に走っている車はない。

やがて後ろから、ガシャガシャ、ガシャガシャ……と音が聞こえてきた。

あれ、何の音かな？　何か踏んだのかな？

どうやら運転席の後ろのドアのほうから聞こえていた。彼は例の話を思い出して、

「うわっ、ホントに来た！」

そう思った次の瞬間、すぐ真横の、運転席のドアから、
ガシャガシャッ！　ガシャガシャガシャッ！　ガシャガシャガシャガシャッ！

と、これまでよりもずっと大きな音が聞こえてきた。

「うわあああああっ！」

このときは乗る前にあの話を思い出して、ドアの鍵を閉めていたから助かった。

その音は、山道を下り切るまでずっと続いていたという。

「だから俺、あの話を聞いていなかったら、ドアを開けられて、中に入られていたと思うんだ。入られたら、事故を起こしていたかもしれない……。本当にありがとう！」

彼は真剣な顔で、何度もお礼を言った。

「ああ、そうなんだ。良かったよ」

先輩は笑顔で応えたが、内心、これでますます赤城山へ行くのが怖くなったな、と思ったそうだ。


（二〇一八年十月十三日「高崎怪談会14」＋二〇一九年十二月七日「高崎怪談会20」）

蛙の置物

マリブル

前橋市内の利根川近く、バラ園やかつて萩原朔太郎記念館があった敷島公園の近くに、私の祖父が住んでいた家がある。

小学校低学年の頃、鍵っ子だった私は、よくそこへ自転車に乗って遊びに出掛けていた。いつも同じ鍵っ子の少年Bが一緒だった。

祖父の家は庭が広くて池があり、小さな雑木林もあり、その入口に蛙の置物があった。親蛙の上に子蛙が乗っていて、軽石でできているのか、ブツブツと小さな穴が開いている。今思えば安っぽいが、子供にとっては一抱えもある大きさで、興味を引かれた。

「祖父《じい》ちゃん、これ何？」

「それか。その蛙をひっくり返すと、雨が降るんだ」

庭にいた祖父は笑いながらそう言うと、用事があったようで家に入っていった。

じゃあ、祖父ちゃんがいないうちに試してみよう、という話になった。

「そいやぁ！」と二人掛かりでひっくり返した。

すると、急に空が暗くなり、風が止まって、サーッと雨が降ってきた。

豪雨の断面が、ブワーッ、と近付いてくる。縁側へ逃げ込もうとしたが、子供の足なので間に合わず、びしょ濡れになってしまった。

「へええ。本当に雨が降った！」

「面白かったね！」

七月初めの暑い日のことで、雨に濡れても大して気にならなかった。

私たちは、蛙をそのままにして帰ってしまった。

翌朝、私は集団登校で一番後ろを歩いていた。

Ｂの家は通学路の近くにある。そこでいつも途中から一人外れてＢの家に寄り、二人で近道をして学校まで行くことにしていた。

途中に工事現場があって、『ドラえもん』に出てくるような大きな土管が並んでいた。

「昨日の雨、凄かったよね」

キャッキャしながらそこまできたとき、急に風が止まって寒くなってきた。

サーッと音がして、振り返ると雨が迫って来るのが見えた。

「ええっ！　また!?」

「嘘でしょう！」

土管に逃げ込んだのだが、跳ね返りが激しくて、土管の中まで泥水が入ってくる。

学校に行ったが、二人だけビチャビチャに濡れて泥だらけになっていた。

「おまえら、どうしたんだ?」

「さっき凄え雨、降ったじゃん」

「えっ。雨なんか降ってないよ」

他の児童たちが驚いている。あの場所しか雨は降っていなかったらしい。

学校では私とBだけ、学校に置いてあった体育着でいるしかなかった。


その日の放課後は何か訳があって、Bとは別々に帰ることになった。

私は学校に置き傘をしていた。これさえあれば大丈夫、とその黄色い傘を持って帰った。

当時、私の家の北側には、田んぼが四面あった。

舗装道路はそれを避けてコの字型に通っているが、それとは別に十字の畦道が真ん中にある。私はいつもその畦道を通って北から南へ、あるいは南から北へ抜けていた。

ちょうど畦道の中心辺りまで来たとき、またもやサーッ、と雨が来た。

物凄い雨で、傘を差していても濡れてしまう。田んぼに張られた水が跳ねてくる。

周りには蛙が沢山いて、一斉に、ゲコゲコゲコ! ゲコゲコゲコ! と鳴き出す。

家に着いたら、この日は母親がいて「どうしたの？」と驚いていた。

「雨が降ってきたんだよ」

「何言ってんの。雨なんか降ってないわよ」

外を見れば、田んぼの周りだけにまだ雨が降っていたが、すぐに止んでしまった。

「これ、ちょっとやばいな」

私は蛙の置物をひっくり返したままだったことを思い出した。

怖いから戻しに行こう、と言うつもりでBの家に電話を掛けると、向こうから、

「蛙、戻しに行こうぜ」

と言ってきた。Bにも何かあったらしいが、残念ながら聞きそびれてしまった。

Bと合流し、自転車を飛ばして祖父の家へ行くと、蛙はひっくり返ったままになっていた。なぜか祖父も元に戻していなかった。

「ごめんなさい」

二人で同時に謝って、蛙を元に戻すと、急な大雨に遭うことはなくなった。

ゲリラ豪雨など、まだなかった三十数年前の話なのだ。


（二〇一八年十月十三日「高崎怪談会14」）

Lサイズよりも大きな紙コップ

マリブル

私があるバーで知り合った二十代後半の男性、狩野さんの話。

彼は店の客でありながら、カウンターの向こうに入ってマスターの手伝いをしたり、他のお客に話しかけてすぐに仲良くなる、といった陽気で気さくな人である。

そこで「何か怪談話は知りませんか？」と訊いたら、最初は「幽霊とか信じてないし、そういうのはないんですよねえ」と断られた。

しかし、しばらくして、

「ああ、でも、俺にも一つだけあるんですよね」

と話してくれた。


狩野さんが大学生の頃、学友の織田君が話しかけてきた。

「俺、昨日、事故っちゃってさ」

前橋市A町の交差点にガードレールがあり、そこに突っ込んだのだという。

単独の事故で怪我はしなかったが、車がオシャカになった。

一人で運転していたら、急に頭がぼうっとしてきて、気が付いたら目の前にガードレールがあった。危ない、と思ったが、間に合わずにボン！　と突っ込んでしまったそうだ。

何とか車から這い出て、何かの証拠になるかと、スマホのカメラで写真を撮ったという。

織田君がそのスマホの画像を見せてきた。車を真後ろから、近い距離で撮っていた。

テールランプ、その間にトランク、その上にリアウインドウ。リアウインドウ越しに運転席と助手席の背面、その向こうにダッシュボードが写っている。

ダッシュボードの上には、某ファストフード会社のマークが入った白い紙コップがあった。それが日本国内で販売されている最大のＬサイズよりも、一・五倍は大きく見える。

「こんなもの飲みながら運転してたら、そりゃ事故も起こすだろ」

「そう見えるんだ？　俺、昨日は車の中で何も飲んでないよ。もう一度よく見てくれよ」

織田君は真面目な顔をして言ってきた。

こいつ、何を言いたいんだ？　狩野さんは訳がわからなかったが、スマホの画面をもう一度見たら、大きな紙コップが全く違うものに変わっていた。

織田君は狩野さんの表情の変化に気づいたらしい。

「な。見えるだろ。俺、この事故を起こす前の日の晩に、嶺公園の入口にある電話ボックスで真夜中に電話を掛けたんだよ」

「何のことだ？」

「おまえ、知らないの？」

織田君が話してくれた。

前橋市郊外の嶺公園は市営の広大な霊園もあり、群馬県では有名な心霊スポットだ。

その近くの道路沿いに、かつては電話ボックスが立っていた。

昔、横断歩道を渡っていた若い女性が、信号無視のトラックに轢かれて亡くなる事故があった。

余りにも速いスピードで突っ込まれたので、身体の一部が吹っ飛んでしまった。

警察が捜索したら、その電話ボックスの横に落ちているのが見つかったのだという。

また、嶺公園の東側にも電話ボックスがあるが、そこから事故現場近くの電話ボックスに電話を掛けると、亡くなった女性の断末魔の悲鳴が聞こえる、と言われている。

「そんな根も葉もない話、よせよ。不謹慎だぞ。それに、おかしな噂を信じてるから、それっぽく見えるだけだよ。消しちまえ、そんな写真」

狩野さんは幽霊を信じていないので、織田君に写真を消させた。

ところがその後、だいぶ経ってから、今度は狩野さんが他のグループとそこへ行くことになったそうだ。

狩野さんはうっかり仲間たちの前で織田君の一件を話してしまった。

すると皆が、肝試しに行こう、と盛り上がってきた。

本当は不謹慎で嫌だが、仲間たちのためなら仕方ないか、と狩野さんは車を出して、嶺公園の東側の電話ボックスまで行った。

辺りは真っ暗で、そこだけがぼんやりと明るい。

いざ行ってみると、誰も電話を掛けたがらなかった。

狩野さんは言い出しっぺなので「じゃあ、俺がやるよ」と電話ボックスに入った。

そして織田君から聞いていた、事故現場近くの電話ボックスのものと言われている番号を押して掛けた。

呼び出し音は鳴った。ぷるるるる……。ぷるるるる……。幾ら呼んでも誰も出ない。

「出ないよ。やっぱりただの噂話じゃんか」

これでこの夜はお開きとなったのだが……。

それから何週間か経って、夜に車を運転していた狩野さんは急に頭がぼうっとしてきた。

気が付いたら目の前にガードレールが迫っている。ドン！　とぶつかってしまった。

何とか車から這い出した狩野さんは、車の後ろに回り込むと、スマホで壊れた自分の車の写真を撮り始めた。無意識のうちに行動していたという。

「あれ？　俺、何してるんだろう？　ここ、どこだ？」

辺りを見回したら、そこは織田君が事故に遭ったのと同じ、A町の交差点だった。


「だけど、俺は信じてないんです。ただの偶然だと思っています」

狩野さんは話をここで終わらせたかったらしいが、私は狩野さんと織田君の写真に何が写っていたのか、まだ聞いていなかった。

そこで「その写真を見せてくれませんか？　そうでなければ、何が写っていたのかだけでも教えてくれませんか？」と頼んでみた。

狩野さんは急に下を向くと、別人のように暗い表情になって、ブツブツと何か言い始めた。同じことを何度も呟いているらしい。

「俺、確かに見たんだよな」

そう言っているようだった。

しばらく観察していると、やっと顔を上げて話してくれた。

まずは織田君の写真だが、ダッシュボードの上にかなり大きな白い紙コップがあった。初めは確かにそう見えた。

だが、織田君から言われてもう一度見ると、それはまるで違う形に変わっていた。真っ白な肌をした女の人の顔がダッシュボードの上に乗っている——。

一度そう見えてしまうと、何度見てもそれにしか見えない。画像を拡大してみたら、女の人の黒い髪の毛がだらりと、ダッシュボードから垂れ下がっていた。

「だから怖くなって、俺がその写真を消したんです」

言っていることが最初と違う。怖かったので狩野さん自身が消したというのだ。

そして狩野さんがスマホで撮った写真は、女の人の顔こそ写っていなかったが、車が変わっただけで、織田君の写真と全く同じ構図に写っていたという。

「女性が亡くなった事故は確かにあったんです。俺も新聞で見たことがあるんです。でも、俺は事故以外のことはただの噂話だと思っているんですが……。ただの噂話が現実になることなんて……あるんですかね？」

（二〇一九年十二月七日「高崎怪談会20」）

「雛人形の首」
「赤城山の夜道」
「蛙の置物」
「Lサイズよりも大きな紙コップ」

マリブル

一九八一年、群馬県出身。四代目雛人形司、県伝統工芸師。群馬県内で雛人形を制作、販売。幼少期がテレビや雑誌等で怪談が隆盛を極めていた時期であり、自身も少なからず不思議な経験をしてきたため、怪談好きとなる。個人的にのんびりと怪談を集めている。「第一回　怪談最恐戦　東京予選」「第二回　怪談最恐戦東京予選」二年連続出場。

改竄《かいざん》

籠　三蔵

私が「高崎怪談会」に初めて参加したのは、二〇一六年の三月だったと思う。

それまではひたすら、怪談の執筆しか念頭に無かったのだが、主催者の戸神重明先生から「一度遊びにいらして下さい」という温かい言葉を掛けて頂き、高崎市内の会場へと足を運ぶ様になった。

自身のスタイルは飽くまで〈現象追求型〉である。

本来私は伝奇ホラーを執筆していたのだが、それらの設定資料として実話怪異談を紐解いている内に、ある不可解な幽霊現象に遭遇、それをきっかけにして怪談の世界にのめり込んだ経緯がある。従って自身の追い掛けるテーマは『何故それが起こるのか』。

彼の先に横たわるものの正体を知りたいという探究心が成せる衝動であり、そんな理由で語りのメリハリによる怖さの表現にはあまり関心を持っていない。しかし、どういう存在の成せる業なのか、怪異の蒐集《しゅうしゅう》行為は単なるデータ取りだけではなく、私個人がいつの間にか、体験者諸氏の齎《もたら》す怪そのものに取り込まれているというケースに遭遇する事となり、そうした体験を参加者の方々と共有したい気持ちに駆られ、いつしか取材中等に起きた怪を高崎の会場で語らせて貰う様にもなった。

参加者のどなたかが「私もそれに似た様な体験をした！」と声を上げてくれる事を、心の中で求めながら。


ある時、会場でこんな話をした事がある。


その時の採話の相手は、家人の勤務先の後輩であるYさんという女性であった。

日本史が大好きで、家庭にもう少し余裕があれば大学院に進み、そちら方面の研究をしたかったと豪語する筋金入りの歴女である。

彼女は関西圏のある大きな稲荷神社の神事で、とても不思議な体験をした。

神職らが境内へと厳かに入場し、続いて華やかな扮装に身を固めた稚児行列が鳥居を潜って拝殿前の参道へと行進して来た。テンションの上がってしまったYさんは行列を正面から撮影しようと、参道の正面へと躍り出て、拝殿に尻を向けてしまう形で自慢の一眼レフを構えた。

と、背後から突然風が吹き、思わず彼女は振り向いた。

そして信じられないものを見て、弾かれる様に飛び退いた。

稚児行列はそんなYさんの目の前を、悠然と行進して行ったという話である。

採話は家人の後輩の女性という事もあり、職場近くの喫茶店で三人で行われたが、普段は怪談話に興味も示さない家人が、

「あのパーンって話、面白かったね。あの子があんな体験持っているなんて意外だった」

などと、にこにこしていたのを良く覚えている。

勿論その場では何も起こらず、話自体も不思議ではあるが怖いものでは無かった。


だが、この体験談が頭角を現すのは、ここからだったのである。


運よくこの話は書籍に掲載され、私はYさんへの返礼を兼ねて、献本を家人に手渡した。

採話からそこまでの経過時間は、約六か月。

数日して、家人が困惑した表情で帰宅して来た。

「あのね、Yちゃんが『提供した話がどれだか判らない』って言うんだよね」

家人の話によると、読書家でもあるYさんは、本を受け取った後、早速自分の体験談が

どう表現されたのかが知りたくてページを捲ったが、該当する話が見当たらないと訴えたそうである。最初にもお話した通りだが、家人は怪談に余り興味が無く、従って書籍に載った文章自体に目を通していない。ただ採話には同席していたので「ほら、あの『パーン！』という話」と何度も説明したのだが、彼女は首を捻るばかりだったという。

報告を受けた私も首を傾げた。Yさんの話は聞いたままを文章にしただけで、ぼかしや脚色めいた事は殆どしていない。私は本棚から件の書籍を取り出し家人に見せた。おかしいよねぇ、確かに載っているよねぇ、と彼女も首を傾げる。ひょっとして読み飛ばしてしまった可能性もあるから、このタイトルだよって教えてあげて、と言付けて更に数日後。

再び家人が浮かない顔で帰って来た。

「変なんだよ、Yちゃん『あの話の中で私が拝殿前で見たものは〈大きな狐面〉だった』って言うんだよ。だから判らなかったって。そんな話じゃなかったよね？」

目を剥いたのは言うまでもない。

家人と私が聞いた話。

Yさんが見たのは〈合掌している巨大な掌〉という話だったのだ。

それが彼女の目の前で、突然柏手を打った。その激しい音に目が眩んで、Yさんは参道から弾き出されたというものだ。これまでに聞いた事の無いパターンの話だったので、私も興味深く感じて取り上げた次第であり、聞き間違いという事にしても、余りに内容が違い過ぎる。

いやそれは無いだろう、これはどういう事なんだと二人で首を傾げ、そうだ、聞き取りをした時に要点をメモした〈ネタ帳〉があるじゃないかと思い付いた。それには採話した順番に取材した話の要点が書き取りをしてある。しかも私は採話中に脳裏に閃いたイメージを下手糞なイラストで脇に記す癖があり、Yさんから話を聞いた時、メモ書きの横に巨大な掌に怯む彼女の絵を書き記した記憶も鮮明に残っていた。

これで双方に生じた齟齬も一気に解決と思いきや、取材用セットを詰めた鞄を開けて顔から血の気が引いた。ネタ帳が無くなっていたのだ。

ネタ帳などと言うと、薄っぺらなノートみたいなイメージが浮かぶが、当時私が使用していたそれは、合皮の表紙をあつらえた分厚いもので、ちょっとしたハードカバーの書籍位のサイズがあった。それが鞄の中から忽然と消え失せていた。

一体何が起こっている？

怪談を狩る筈の怪談作家が、怪談に翻弄されている。

予想外の出来事に混乱しながらも、私は思考を巡らせた。

Yさんの述べる話に対する微妙な違和感。そう、一番初めにこの神事の話を聞いた時、彼女は柏手に驚いて反射的に参道から退いた。これに対してどこにもおかしな部分は無い。

しかし二度目の話である〈巨大な狐面〉を見たのだとしたら、驚いて飛び退くより、参道上で〈立ち竦んでしまう〉のが、行動として普通ではないだろうか？

どうも二度目の話には後付け感が強い。

しかしYさん自身がそう主張している。これはどういう事なのか？

「だけど、君が採話に同席していたから何よりの証人だろ？　幾ら何でもそこまでの聞き間違いはしないよ」

困窮した私の問い掛けに返答した家人の言葉は、更に戦慄を覚えさせた。

「ごめん。聞いたのは、Yちゃんの言ってた〈大きな狐面〉じゃなかったというのはあるんだけど、何を見たというのが、いま突然思い出せなくなっちゃった……」

そこを境に、家人の記憶からも〈柏手を打った巨大な掌〉は消え失せてしまった。

その後も何度か確認をしたのだが、元々そちら方面に興味の無い彼女には大した問題では無いらしく「もうどうでもいいじゃん」と軽く流されてしまう。Yさん自身も「その部分以外は、私の話したままですので」という事で妥協を頂き、もやもやした形のままで事態は一応の収拾を見せている。

この話に関して、登場人物らに呪い祟りの類の障りは一切起きていない。

だから一見すると、どこが怖いのだと言う疑問が残る。

何がそれほど恐怖なのか。怪談を綴る事を生業としている私の立場からすると、この出来事の裏側の意味は、大元のYさんの話がいつの間にか根底から抹殺され、この世に存在したという証が全て無くなっているという所にある。

つまり怪異の体験者は、いつの間にかYさんから私へと移行していたのだ。

彼方の存在は、その気になれば『一切を葬り去れる』のだと思い知った。


此の世に、それを知っている人間が自身しか存在しないという恐怖感と、誰に話しても信じて貰えないと言う孤独感。それが体験者側の視点であり、この件で私はまさにその立場を嫌と言う程味わった訳である。僥倖にて綴られた怪談は書籍として残った。

しかしある朝、この本が本棚から忽然と消え失せて、誰もその本についての記憶を持って居なかったとしたら。或いはある時、私自身がその本を手に取って「いつ、こんな話を書いたのだろう?」と疑問に思う事があったとしたら。

その事が怖ろしく、私は高崎の大勢の聴衆の方々の前で、この話を披露した。

再び彼方からの改竄の手が入ってしまった時、「その話覚えてます」という貯金を稼ぐ為でもある。

あの時、どれだけの方が、私の感じていた恐怖に気付いてくれただろうか。

彼の存在は、その気になれば『話自体を抹殺出来る』。

現在の私は、その事を意識して、畏怖と畏敬の念を抱きながら怪異を綴っている。

自分自身が触れてはいけない何かに触れて、改竄されない事を願いながら。


（二〇一六年七月三十日「高崎怪談会４」）

病棟

籠　三蔵

これは、学習塾の講師をしているI君から聞いた話である。

学生時代、彼が通っていた群馬県内の大学には、少々変わった必修科目が存在していた。その科目とは「妖怪学」である。どうやらそれは学校の創設者と縁が深いらしい。

そしてその内容も、教える講師の先生も風変りで、彼としては楽しみにしている授業のひとつとなった。この先生はどうやら〈視《み》える人〉だった様子で、講義中に自身の体験談を披露して、幽霊を見た話や死んだペットと散歩をした話を語り、受講生に「身の回りの怖い話」のレポートを提出させて、出来の良いものには単位をくれるなどのユニークな授業を行っていたと言う。

ただ、講義を受けている生徒の大半は「あれ絶対ウソだよね」などと小声で喋っていて、そちらの世界に興味津々なI君は、とても残念に感じていたそうである。

そんなある日の事。

先生はやはり講義の最中に脱線を始めて、自身の体験談を語り始めた。

彼は自分の分野の研究目的で、ある病院の病棟を見学に訪れた。

そこは所謂「重度精神障害」という理由で、社会から要隔離と判断された患者を収容している隔離病棟だったが、そこで見た光景は余りにもショックであった。

看護師の男性に案内されたその病室には、映画『エクソシスト』のリーガンよろしく頭と爪先のブリッジ状態で床に反り返った男性が収容されていた。

彼はこの状態で普通に生活を行い、一日を過ごすのだと言う。

「この患者は、背中の筋肉が異常な収縮を起こして通常の姿勢を取る事が困難になり云々」という看護師の説明が脳内を素通りする。

次の病室では、ベッドの上で結跏趺坐《けっかふざ》を組む男性の姿があった。

だがよく見ると、その男は、マットレスから四十センチ程の高さに浮いている。

「この患者の疾患は、全身の筋肉が上方への微細な痙攣を起こして常に跳躍状態を保ち続ける為にあの様な奇妙な姿勢で云々」

いや、どう見ても男は胡坐を掻いた状態で〈浮遊〉している。

看護師の説明は、強引なこじつけにしか思えなくなっていた。

そんな調子で次々と見せられる入院患者らの姿。それを「精神疾患」のカテゴリーで括ってしまって良いものだろうかと言う、多数の病例を目撃したそうである。


そんな最中、ある病室でベッドに腰掛けた一人の男性に目を止めた。

見た感じはごく普通で表情も穏やか。

他の患者らの様な異常な様子も無く、ただ力無く俯いているだけである。

「こちらの患者さんは、どの様な症状でこちらに収監されたんですか？」

先生の問い掛けに、同伴の看護師はこう答えた。

「幻覚症状を起こして錯乱し、近くに居た方に怪我を負わせて収容されたそうです。何でも変な女が、笑いながらずっと自分に付き纏っているのだと」

先生はこの患者に興味を持ち、ドア越しに話をしてみたが、素振りも普通で言葉遣いも丁寧、とてもそんな凶暴性がある様には思えない。

看護師に許可を得て、病室内に入ると、彼の横に腰掛け世間話を持ち掛けてみた。

その応対や反応はやはりごく普通で、とても精神病患者には思えない。先生はこの男性がなぜこの様な隔離病棟に収容されているのかを不思議に思ったそうである。

と、その時。

和やかに会話を行っていた男の表情が、突然恐怖に歪んだ。

「ちっくしょう、また現れたな！　貴様なんで俺にこんなに付き纏いやがるんだ！　この野郎、いい加減にしやがれ……！」

突然立ち上がると、虚空に向かって両手を恐ろしい勢いで振り回し始めた。

「このクソ女、このクソ女、このクソ女ぁ、いい加減にしろぉぉぉぉ……！」

同伴していた看護師が、咄嗟に男をベッドに押さえ付け、先生はその隙に病室の外へ逃れ出たそうである。

それでな、この話には少々オチがある、と先生は続けた。

実はな、その患者が暴れ出した時、俺も病室の隅でニヤニヤ笑う、意地の悪そうな女の姿を見たんだよ、もちろんそれは誰にも言わなかった、そんな事を告げたら、俺まであそこに叩き込まれてしまうからな、と。

「ああいう場所には、〈正気の人〉が〈視える〉という理由だけで頭がおかしいと思われて、隔離収容されてしまっているケースが意外にあるのかも知れませんね」と、I君は静かにそう締め括った。

（二〇一六年七月三十日「高崎怪談会4」）

どうもすみません

籠　三蔵

狐狸が化かすという言葉がある。

割とポピュラーなジャンルの怪異に分類され、日本人なら、怪談に興味が無い方でも、どこかで一度は耳にしているのではと思う。

一本道の筈なのにいつまで経っても道が終わらない、又は同じ場所をぐるぐる巡ってしまう。道路の上にお宝や財布や御馳走が落ちている。しめしめと拾い上げ懐やポケットに仕舞い込み、或いは口に入れると獣の糞だった。絶世の美女に誘惑されて気が付くと肥溜めの中。空に二つの月が現れる。山道で祭り囃子が聞こえる等の怪異も狐狸の仕業だとよく言われる。

だが、動物園の檻の中でちんまり佇むその姿を拝見する限りでは、彼等がとてもそんな超常能力を備えている様には思えない。だから現在は迷信として片付けられている気はしているのではあるが。

もしも狐狸が化かすというのが本当だったとしたら、どうなのだろう。

前章と同じく、I君の話である。

彼の出身地は長野県で、現在は郷里に戻っているが、当時、在籍していた大学が群馬県にあったので、一番初めに採話を行ったのも当然、群馬県内だった。先の「病棟」を含む体験談の取材時、彼とは波長が合ったと言うのか、その場で大いに話が弾んでしまい、ファミレスのボックス席は、各自の体験持ち出しで意見交換をする、俄か怪談会の様相を帯びた。お互いの遭遇した現象や目撃談を語り、その時館林の分福茶釜の話から飛び火して「どうだろう、狐や狸は人を騙すと思う？」と身を乗り出すと「あると思いますよ」と言う返事。

へえ、躊躇いなしの即答なんだねと苦笑いすると、彼も笑いながら「ウチの父が、地元でこんな体験をしているんですよ」と面白い話を披露してくれた。

ある年の夕方の事。

I君が自宅の居間でテレビを見ていると、玄関先で急ブレーキとアクセルの音が響いて、畑に軽トラックで農作業に出ていたお父さんが、慌てた様子で帰って来た。

「変なものを見た！」

そして、その剣幕に呆気に取られているI君や側に居た彼のお兄さん、台所で夕食の支度をしていたお母さんらの前で「今、すぐそこの農道でな……」と興奮気味に、自分の身に起きた出来事を大声で喋り出した。

その日、畑に出ていたI君のお父さんは、夕方になったので農作業を終えて、足代わりの軽トラックの荷台に農機具を放り込むと、エンジンをスタートさせて、いつもの様に、自宅へと向かう農道を走り出した。

見通しのいい道路なのだが、途中に周囲が木々の枝葉に覆われた、やや鬱蒼とした場所がある。だが、対向車はおろか通行人すら滅多に居ない道なので、お父さんは気にすることも無くアクセルを踏み込み、そこを通過しようとした。

すると突然、横手の藪の中から、黒い影が飛び出したのである。

急な出来事に「うわっ」と悲鳴を上げて急ブレーキを掛ける。がしゃがしゃん！と農具が荷台のあおりに激しくぶつかる音。タイヤがロックしハンドルが左に取られて、軽トラはもうちょっとで道路を反転するところだった。

何だクソ、と顔を上げると、フロントガラスの向こう、アスファルトの道路の上で、一匹の狸が、びっくりした様子で固まっていた。畜生狸かと、舌打ちをしてハンドルを叩いたお父さんは、開け放っていた運転席の窓から、思わず大声で、

「危ねぇだろ、この野郎……！」

と、飛び出して来た狸を怒鳴り付けた。

すると。

それまでアスファルトの上に四つ足で這いつくばっていた茶色の狸が、突然後ろ足を踏ん張り立ち上がったかと思うと、前足をピタリと脇に揃えて気を付けの姿勢を取った。

（えっ？）

直立不動の狸は、フロントガラス越しに、ぺこりと頭を垂れたのである。

そして、呆気に取られるお父さんを尻目に、狸は素早く元の四つ足に戻ると、ささっと反対側の薮の中へ走り去って行った。

「普段はそんな話を信じない父が『本当に狸が謝ったんだよ！』と興奮してそう何度も繰り返していました。だから、狐狸は化かすと思いますよ」

I君はにこやかに笑いながら、話を締め括ってくれた。

世の中には俄かに信じ難い、民話顔負けのそんな話が、まだまだ有る様子である。

（二〇一七年七月二十九日「高崎怪談会8」）

ユウマさんの絞首台

籠　三蔵

私自身の体験である。


ユウマさんは地域では名の知れた、札付きの悪ガキだった。

上背こそ無いが、丸太のようなぶっとい腕と、分厚い胸板。

人相と言えば、昔流行ったトイ・ゲームの『黒ひげ危機一髪』の人形キャラ瓜二つ。

自身でも「殺人以外なら何でもやった」と豪語している。

元よりこの〈ユウマ〉という名前も本名ではない。登場人物をイニシャル表記している本稿で、なぜこの話だけ名前読みをしているのかと言うと、これもまた本名では無く、通っていたキャバクラ代を踏み倒す為に使用していた〈偽名〉だからである。

「高崎怪談会」では限定された閉鎖空間という事で彼の本名を語らせて貰ったが、流石に出版物に載るとなるとそれは少々具合が悪い。

そこで本章では彼が名乗っていた、その偽名で話を進めさせて戴く。

先の理由で借金取りが自宅にわんさと押しかけて来る為、家族からも鼻つまみ者であったそのユウマさんが、当時の職場の拠点長を通して私に相談したい事があると、話を持ち込んで来た。

「そういう事に詳しいって聞いてるんで、是非」

何でもユウマさんと拠点長とは中学時代の先輩後輩に当たるそうで、所謂ヤンキー世界と言うものは縦社会、先輩は神であり絶対。無数の武勇伝のあるユウマさんも拠点長の前では従順な態度を取っていた。そして彼を可愛がっていた拠点長も、偽名で借金取りから逃げ回っている彼を、期間アルバイトとして雇っていた訳である。

就業中ではあったのだが、二階の休憩室で話を聞いてやってくれと時間を貰えた。はて、反社組織からヒットマンの依頼まであったというユウマさんが、私の様な怪談屋に何の用があると言うのだろうか。

彼とは短期間だが一緒に仕事をした事もあるし、レジの金をくすねたという理由でクビになっても、職場の方へちょくちょく遊びに来ていたので知らない仲ではない。手癖は悪いが陽気でお喋りで、トークがユーモアに富んでいるので、悪人顔の割には女性客にも人気のあったユウマさんだが、その時はまるで微熱でも出しているかの様に顔が浮腫んで両眼も真っ赤に充血している。どうしたんですかと尋ねると、いや、実はですねぇ……、とユウマさんは困った顔付きでぼりぼり頭を掻いた。

——それは先週の事。

ユウマさんは後輩に車を出させ、女の子二人を含めた四人組で、真夜中の富士の樹海に肝試しに出掛けた。勿論ユウマさんはお化けなんて出ると思ってなんかいない。そんなものは同行した女の子のどちらかをホテルに連れ込む為の、スパイスのようなものとしか考えていなかった。やくざにヒットマンを依頼される位の無頼漢だから当然だ。

「先輩、やっぱり止めましょうよぉ」

車を出した後輩が、木に巻き付けたビニール紐と懐中電灯を持って泣きを入れる。

お目当ての女の子達もぴったりくっつき離れようとしない。

「何だよ何だよ。お化けなんて本当に居るとか思ってんのかよ。ダッセェなあ」

度胸のあるところを見せようと、ユウマさんはライト片手にずんずん樹海の奥へ進んで行く。もとよりお化けなんかいないと思っているので、彼にとってここは、ただの真っ暗な森の中に過ぎない。自殺志願者に自制を求める立て看板や、ライトの光軸に照らし出されるペットボトルや手帳、ポリ袋や名刺入れ。木々の根元や枝に引っ掛かったジャンパーやマフラー等の遺留品。

そんなものもユウマさんにとっては屁でも無い。

「先輩、怖いっスよ、帰りましょうよぉ」

後輩がヘタれて弱音を吐くほど自分の男らしさが引き立つと考えたユウマさんは、平気平気ぃーと手近に落ちていた木切れを杖代わりにして樹海の奥へと進み、持参した爆竹に火を着けて放り投げた。パンパンと爆発音が響く都度、女の子達が悲鳴を上げる。

ところがここで、彼にとって予想外の出来事が起きた。

周囲を覆う樹海の闇の余りの迫力とユウマさんの悪ノリに、女の子二人が耐えられず、わあわあと泣き始めてしまったのだ。

「もうイヤだ、帰る、帰るぅ……！」

宥めどすかせどパニック状態になった彼女らは、もう一歩も動こうとしなかった。

「ホラ先輩、もうダメっすよ、帰りましょうよぉ」

後輩があたりの闇を照らしながら困り顔で訴える。少々薬が効き過ぎてしまった様だ。

何だよ何だよ、これからなのにつまんねぇなあと口にしつつ、ぐしゃぐしゃ顔で泣き喚く彼女らの様子を見て、ユウマさんは残念顔で同意した。

(こらナンパどころじゃ無くなっちゃったなあ)

心の中でちっと舌打ちしながら、後輩と共に、泣きじゃくる女の子達の肩を抱えて車の方へ戻り始める。すると近くの木の根元に古びたロープが落ちていた。

ニヤッと笑って、ユウマさんはそれを拾い上げた。

そんなもの持ち込まないで下さいよぉ、と泣きを入れる後輩を無視して、ユウマさんは樹海で拾ったロープと幾つかの木切れを後輩の車の中へと放り込む。

女の子達は後ろの座席で泣き濡れてパニックだ。口説いてホテルに連れ込むのは不可能だろう。興醒めしてしまった。だったらもう徹底的に怖がらせてやれ。

「そんなもん、何するんですか、先輩」

「オブジェ作るんだよ。プレミアもんだろうがあ」

彼が車の助手席で作り上げたのは、樹海で拾ったロープと木切れを器用に組み合わせた〈絞首台〉だった。

さて、肝試しが解散するも、思いのほか〈絞首台〉の出来栄えを気に入ったユウマさんは、それを自宅に持ち込んで、何とベッドの枕元に立てて飾ったそうである。

（おー、迫力迫力！）

自身より喧嘩の強い者と、やくざの幹部以外に怖いものが無いユウマさんは、そのベッドで平然と眠りこけた。


ところがそこで得体の知れない悪夢に魘された。

部屋の中に大勢の見知らぬ人間が蹲って、ぼそぼそと何かを呟き続けている。

突然首を絞められた。苦しい苦しいと思って目を覚ますと、それは夢だった様なのだが、気配だけは濃密に残っている。

起きると身体が怠く重い。

洗面所に顔を洗いに行くと、顔が浮腫んで鬱血し、両眼が真っ赤になっている。

視界の隅を何かが過《よぎ》った。

中年の作業服の男に見えたが、振り向いても誰も居ない。

自室に戻るとざわざわと人の気配がする。体温を測ると微熱が出ていた。

風邪薬を呑んだが一向に良くならない。

医者に行っても原因不明。怠いのでベッドに横たわると首を絞められる夢に魘される。起きれば視界の隅を何かが過る。耳元で誰かがぼそぼそと何かを呟く。


それが毎晩続いて、体力自慢のユウマさんも調子を崩してしまった。

「やっぱし、アレが原因なんスかね？」

神妙な顔つきで訴えるユウマさんを前にして、私は頭を抱えるしか無かった。

肝試しで心霊スポットを訪れたヤンキーが、現場で幽霊が出ないのを腹いせに大暴れをして何かを持ち帰り、その後、霊障に見舞われて右往左往すると言う、呆れるまでにベタな、王道中の王道たる体験談である。

よくオフ会等でこの話を口にすると、否定論者はともかく、怪談に携わる人間までが「本当にそんな人いるんですか？」と質問してくる事があるのだが、そういった方は自身の周辺だけでしか取材を行っていないのではと思う。接客業をしている私の立ち位置からでは「人の数だけ逸話は存在している」。職場に訪れる方の中には、心の中で「えっ、そんな事も知らないいんですか？」と思う方も大勢いれば、モラルや常識の枠を乗り越えている方もかなり見掛ける。

ユウマさん程のキャラであれば当然と言えば当然。

しかしここまでやらかした事が明白なのに、他人に相談を求めて来ると言うところに、彼という存在の違った意味での怖さを感じなくも無かった。私なら速攻でその木切れとロープは元のところに戻して来る。元よりそんな真似は絶対にしない。

「殴って済むんならどうって事無いんですけど、これ、どうしたらいいスかね？」

「いやもう明白でしょう。オブジェ解体して「申し訳ありませんでした」のひと言を添えて木切れとロープは樹海に戻して来て下さい。その後はどこかの神社かお寺で厄除けのお祓いをして貰って下さい。五千円もあれば受け付けてくれます。これって放って置くと命に関わる事もありますすよ」

「そうですよね」の返事を残し、その日ユウマさんは背中を丸めて引き揚げて行った。


それから半月程経ったある日。

仕事を終えて高田馬場周辺の書店をうろついていた私は、そこでバッタリとユウマさんに出会った。こんばんわと挨拶を交わしたのだが、見ると先日の様に顔の浮腫みが取れていない。両眼も血走って真っ赤のままである。

「あの、先日の件なんですけど、オブジェきちんと解体しました？　お祓いきちんと受けられました？」

そう質問すると、ユウマさんは照れ臭そうに頭をボリボリと掻きながら、

「いやあ、バアちゃんが倒れちゃって……、きっとあれのせいで……、だから、もうちょっと頑張って貰おうかなって思って……」

状況を呑み込めない私に対し、彼は満面の笑みを浮かべてこう答えた。

「バアちゃん死んだら、遺産配分で借金が返済出来るんで」

唖然とする私を尻目に、ユウマさんは「じゃ」と片手を上げて、意気揚々と雑踏の中へ消えて行った。


それから二週間後。

朝の訓示で、職場の拠点長からこんな告知があった。

「みんなも良く知っているユウマくんのおばあちゃんが、一昨日亡くなったそうです。時間内で構わないので指示しますから、交代でスタッフ全員、ご焼香に行ってあげて下さい」

両膝から力が抜けた。

やがて順番が回って来て、職場から二百メートルほど離れた彼の自宅に焼香に訪れると、喪服に身を固めて神妙に座っていたユウマさんが、擦れ違う際に膝下でこっそりVサインを作り、私に向かってにっこり微笑んだ。彼が踏み倒していた借金はそれから間も無く一括返済されたそうである。

樹海から拾って来たロープと木切れは、どこに遺棄されたか定かではない。


（二〇一七年七月二十九日「高崎怪談会8」）

哀しみの行方

籠　三蔵

霊視が出来る、この世のものでは無いものが視《み》えるなどと言うと、我々凡人の立ち位置からすれば、映画や小説に登場する主人公の持つ特殊能力に思えたりする。更に怪談書きの立場からしてみれば、それこそネタに困る事が無い。羨望すら感じさせる。

しかし、それが現実となると、その個人にとって素晴らしい能力と言い切れるものなのだろうか。

生活に不要な、そんな煩わしい能力など、無いに越した事はないと彼らは口にする。それさえ無ければ、もっと平凡で平穏な毎日を送る事が出来るかも知れないのだと。

大学生のTさんは、幼い頃から〈他人とは違うもの〉が視えるのを自覚していた。

彼女はそれを他人に話すのはまずい事だと本能的に感じて、周囲の人間にはずっと秘密にしていた。本稿の「病棟」に登場する男性の様に、病院送りにされてしまう様な予感に駆られていたからだそうである。だから中学を卒業するまで、誰もその事を知らなかったが、ある時霊感の強い母方の叔母が自宅に遊びに来て、Tさんのそんな能力に気が付いた。

その段階で近しい方達はようやく彼女の不思議な力を理解し、心の負担はだいぶ軽くなったそうだが、そこまでに至る苦労は大変なものだった。


通学途中の、ある朝の事。

Tさんは大勢の人が行き交う通りの真ん中に立ちはだかる〈黒い布を被った様な大きな影〉を目撃した。

瞬時にこの世のものでは無い事を理解したと言う。

他の人はどうしているのだろうと思っていると、ずぼずぼとその中を平然と突き抜けて行く。だが、その姿が視えているTさんは気味が悪いので、これ見よがしに大きくその影法師を避けようとした。

その時、前を歩いていた初老の女性が、その影の真ん中を突っ切った。

「あっ」と思った刹那、女性はかくんと膝から崩れ、前のめりに歩道へと倒れた。

慌てて側へと駆け寄ったTさんは自分のバッグを枕代わりに女性の頭の下に差し入れると「大丈夫ですか？」と声を掛けた。

周囲に居た人達も慌てて駆け寄って来た。

女性は横たわったまま「私、どうしちゃったのかしら……」としきりに連呼する。

誰かが「いま救急車呼んだから」と声を掛けてくれた。

やがてサイレンの音と共に救急車が到着して、救急隊員から経緯を聞かれたが、黒い影法師のせいでとは言えなくて「歩いていたら急に倒れたみたいです」と説明。

知り合いかと尋ねられたので「たまたま後ろに居ただけです」と。

騒ぎの最中、あの黒い影はいつの間にか消えていた。

初老の女性は救急車に搬送されて病院へと運ばれて行ったが、救急隊員に「知り合いです」と嘘をついて、付いて行けば良かったと思う後悔の念が残ったそうである。

黒い影の正体が何なのかは判らない。

だが、老女が倒れた本当の原因を知るTさんの胸中は、決して穏やかでは無かった。

そんな毎日が日常のTさんが、今でも忘れられない出来事がある。


それをいつ頃から〈視る〉ようになったのか、記憶が定かではない。

はっきり覚えているのは小学校の高学年あたりからだ。

そいつは昼夜を問わず、大勢の人の行き交う街のど真ん中でも、姿を現す。

そして、路上で死んでいる鳩やカラス、猫の死骸の上に蹲っている。

外観の様子は〈生皮を剥かれた、白色の猿〉そのもの。

そいつはTさんの視線に気が付くと、これまた猿そのままの血走った眼差しを向け、歯を剥き出しながら素早い動きで街角の彼方へと走り去る。

勿論、周囲の人間にその姿は視えていない。

だから〈この世に属する存在〉では無い事だけは確信している。

そして、ある頃から彼女は気付く様になった。

この〈皮剥け猿〉は、アスファルトの上で潰れた死骸の中から、釣り糸の様に透明な何かを、引き抜いていると言う事を。人霊という感じでは無く、また何故屍骸から糸を引き抜いているのかは判らないのだとTさんは語る。

どういう存在なのかも説明出来ない。ただ年齢的にも未熟だった当時の彼女は、それに深く関わる事を不吉と考え、見て見ぬ素振りをしていたそうである。

Tさんが、高校生になったある日の事。

下校途中に寄り道をした彼女は、眼前に飛び降りて来た影に驚いて悲鳴を上げた。

死骸から糸を引き抜く、あの白い〈皮剥け猿〉だ。

凍り付くTさんを尻目に、異形は「ぎぃっ」と歯を剥くと、素早い動作でブロック塀を乗り越えて、道路の向こうの建物の陰へと姿を消した。

呆然としていた彼女だが、漸くあの〈皮剥け猿〉がいつもと違う現れ方をしたと気が付いた。普段は道路上のカラスや猫の死骸の傍らに居る化け物が、建物の中から飛び出して来たのだ。

そこは昭和の時代そのままの、年季の入ったモルタル塗りおんぼろアパート。

その二階の部屋のベランダから、化け物は飛び降りて来たのである。

嫌な予感が横切った。

鉄板剥き出しの粗末な階段を上がると、一番奥の突き当りの部屋のドアポストに、新聞や投函チラシが幾重にも突き刺さっている。

表札には男性の名前が書かれていた。顔から血の気が引いて行く。


（ここで、人が死んでいる……）


警察に電話をしようとスマホを取り出したTさんは、慌ててその手を止めた。

この状況をどう説明しようと言うのだ？

あの部屋から死骸の糸を引き抜く化け物が飛び出して来たから、あそこで人が死んでいますとでも？

誰がそんな事を信じると言うのだ？

そんな戯言は無視されて、どうしてあそこに死体があるのが判ったのかを、警察から根掘り葉掘り問われるだけである。

彼女はスマホを鞄に仕舞い、悔恨の念に駆られながらも、その場を後にした。

何気ない振りをして自宅に戻った後も、彼女の気は晴れなかった。

先程の、あのアパートの件が気になって仕方が無い。

予習の為に広げた教科書の内容など頭に入る筈も無く、時間だけが徒に過ぎて行く。

（あそこで亡くなっている人は、早く誰かに見つけて欲しい筈なのに、その事を知っているのに、私は誰にもそれを告げられない。どうしたらいいの？）

Tさんの心は、事の重さに押し潰されてしまいそうだった。

そしてベッドの中で悶々としながら考えた結果、明日の学校の帰りに再びあのアパートの前に行き、側を通ったら変な臭いがしたとか適当に嘘をついて警察に連絡を入れ、突き当りの部屋の中を調べて貰おうと決心をした。

翌日の放課後。

覚悟を決めてアパートに向かったTさんの目に留まったのは、路肩に停車して回転灯を点滅させる二台のパトカーの姿。あの部屋の前には警官達の姿がある。

停車していた救急車が、誰かを搬送して行く事も無く、目の前で現場からゆっくり発車した。

恐らく他の誰かが異変に気が付いて、警察に通報したのだろう。

心の重荷がすっと軽くなったが、同時にこんな思いが胸の内に湧き上がる。

あの部屋に住んでいた男性は、どうして死んでしまったのだろう。

自殺なのか、病気なのか。

独り寂しく、誰に看取られる事も無く、ひっそりと亡くなってしまったのだろうか。

ここに来るまでの間に、どの様な人生を送り、どの様な経過を経て、このおんぼろアパートへと辿り着いたのだろうか。

そして、この様な人生の最期を迎える自身の事を、どう思ったのだろうか。


頬にひと筋の涙が流れ落ちる。物陰に隠れてTさんは泣いた。

あのアパートで亡くなった、顔すら知らぬ男性の冥福を祈りながら。

一介の女子高生が背負うには重過ぎる現実。関わらなくても良かった筈の他人の人生。

それが〈視る〉事なのだと彼女は語る。


実話怪談はフィクションでは無い事が前提である。

その裏側には、体験談の中に登場する怪異の原因だけでは無く、それを語り齎《もたら》した方のそれまでの人生や歴史が関わっている事が、創作怪談やホラー小説との大きな違いでもあると私は考える。

現在、様々な場所で怪談イベントが行われ、熱心なファン達の集う中で体験談が語られる様になり、また様々なスタンスで実話怪談を執筆する方も増えている。

それはそれで構わない。人の数だけ人生は存在し、その数だけ立ち位置や見方も存在するからだ。怖さ、語り、娯楽性。人それぞれの切り口や入り口を否定するつもりも無い。

但し、実話を冠する怪談は、単に「怖い」「怖くない」の物差しだけで測られるもので無いとも思っている。
彼等が語る体験談の奥行きの部分、視てしまう人間達の人生や歴史。そしてその結末が差し示す、体験者様たちの「哀しみの行方」。
Tさんからは「この世で起こる怪異そのものは、人間が楽しむ為に起きているのではない」という、重く厳しい言葉を頂戴しながらこの話をお預かりして、「高崎怪談会」で披露した次第である。

彼ら視てしまった方達の苦悩や哀しみの部分に寄り添いつつ、聞き集めた体験談を、誌上や「高崎怪談会」の様な怪談ファンの集いなどで披露出来るという、今後もその様な機会に恵まれ続ければいいなと、現在の私はそう考えている。

（二〇一七年七月二十九日「高崎怪談会8」）

「改竄」
「病棟」
「どうもすみません」
「ユウマさんの絞首台」
「哀しみの行方」

籠　三蔵（かご　さんぞう）
闇の痕跡や信仰の足跡を追い掛けるのが大好きな流浪の怪談屋さん。『てのひら怪談癸乙』（ダ・ヴィンチ文庫）に「狼の社」が収録。「延命門」が「公募・尾道てのひら怪談」にて大賞受賞。

酒乱の地縛霊

北城椿貴

春と夏を綯《な》い交ぜにしたねっとりとした空気の日だった。

神奈川県の実家を出た私は、降り出した雨も気にせず急ぎ足で私鉄に乗車した。二回乗り継ぐとほどなくして千葉県エリアに入る。目的地の最寄り駅に着き、横にやたらと伸びた駅舎を抜けるとやはり濡れたままでその部屋へ向かった。

この日の数日前、私はこの地域にアパートの一室を借りている。部屋の鍵は茶封筒に入れられたまま鞄の底で湿っていた。どのみち引っ越しまであと一週間という時期である。来てしまった、と思いながら鍵を開けると、湿った藺草《いぐさ》の臭いに迎えられた。

「なんか出そうな部屋だね」

内覧に同行してくれた知人は、不動産屋が雨戸を開けたときの音に被せてそんなことを言っていた。濡れた靴下を不快感ごと脱ぐと中を改めてじっくり見てやるかという気持ちになった。玄関から七歩進むとダイニング。さらに進んだ奥の間が五畳ほどの和室。

――何かいたっていいじゃないか。悪さをしないなら。

なぜその日急に赴いたかは覚えていないが、地の底が抜けるような豪雨の日であった。

話は今から十年ほど前に遡る。私は当時、千葉県I市内にある家賃四万円のアパートで暮らしていた。間取りは北向きの1DK。最寄り駅まで徒歩二十分。駅の近くには激安スーパーが数箇所。近隣には無料の大型駐輪場もあった。当時の私は契約社員で、派遣先は都内の家電量販店。橋を越えた先が東京のE区という簡便さである。

大きな川のほぼ畔にあるアパートだからか、雨が降っていても降っていなくても湿っぽいという欠点はあった。ユニットバスであるとかキッチンが使いづらいだとか、不便も数えようと思えばあったけれど、社会に出たての二十一歳の自分には充分だと言えた。しかし中には、目をつぶろうにもつぶれない点もあった。

たとえば入居日の夜のことはなるべく思い出さないようにしている。あの晩は天井も壁も、嵐が来たかのようにギシギシと鳴っていた。古い家だとこうなるのか。仕方ない。と思おうにも耳障りで寝付けない。耳を澄ますうちに、風の気配がないことに気がついた。

ぎいぎいぎいぎい。ぎいぎいぎいぎい。

風の仕業でないとすれば、外的な影響を受けるでもなく家だけが揺れているのか――。

そう思った途端に、足元の布団が盛り上がった。

むくりと盛り上がったそれはネズミなどではなく、いきなり何か、質量のないものが入り込んだように盛り上がっていた。

めくってみる気にはならず、気にしない、私は知らないと言い聞かせるうちに泥のような眠気が訪れた。そのまま失神するように眠ることができ、どうにか朝を迎えた。

二階の住民がうるさかっただけではないか、と疑わしくなり、怒った足取りで階段を上がってみるも、表札も人の気配もない。さらに、一部屋しかない左隣の部屋も、住む人を求める貼り紙があることから空室であると思い知るだけであった。

こんな経験をしても新しい巣で自由に暮らせるという事実への高揚は収まらず、数日もしないうちに水商売をしている陽の気の強い友人を誘い込んだ。いわゆる居候であった。

「幽霊とかアホちゃうん。でもなんか気持ち悪いのはわかる。ダイニングが真横にあるのにそこで何か食べようって気にならへん。だってうちらここに住み始めて一ヶ月経つのに、一回もキッチンの近くでご飯食べたことないんやで」

関西出身のその居候は、心霊の類をまったく信じていなかった。さらに彼女の言う通り、この家の和室は五畳半と二人で食事をするには狭い。快適に食事をしたいのであればテーブルをダイニングへ移動させてそこで食べればいいだけだったのだが、ダイニングは入居してから出るまでの間ずっと空っぽの状態だった。

彼女はある晩、突然友人の車で来るなり荷物を運び出し、逃げるようにこの家を去った。

彼女が今どこで何をしているかはまったくわからない。

その時は気が立つばかりで、自分が同じ末路を辿るなどとは想像だにしていなかった。

職場、スーパー、家。職場、スーパー、家。一人になると途端に往復だけの日々となり、家の様々なことに気づくようになった。この家は本当によくきしむ。

ぱきん。きしっ。

入居日の夜ほどではないけれど、毎日のようにそんな音が鳴っていた。

人並みに寂しくなった私は、スカイプをよく立ち上げるようになった。気分転換をしよう。そんな風に思い、アイコンを新しくしようとガラケーで自分の顔を撮影した。レンズに顔を近づけながら上目遣いにパシャリ。さっそくアイコンに設定した。五分としないうちに通知がピコンと鳴った。Fという知人からの受信だ。

「アイコン替えた？　なんか映ってる」

「替えた。いいでしょ。なんかって？」

「男の人」

「そういう冗談やめたほうがいいよ。どこにも映ってないじゃん」

「瞳の中、アップにしてみて。そうしたらもう一回連絡して」

私はスカイプを閉じた。画像をチェックする気は起きず万年床に寝転がってしまった。褒めてもらいたいという淡い幼児性がくじかれたことと、くじかれたところに子供騙しの冗談が飛んできたこと。それらによる失望感で二時間ほどふて寝した。明日も休みだと思うと夕方まで寝てしまう。

目覚めると、布団からはみ出た頬に畳の跡があった。風鈴の音も何もない。ぞっとするほど静かな夕方だった。なんとなく、さっきの自撮りを素直に見てみるかという気持ちになった。他にやることもないので画像編集機能を立ち上げた。

一回分、拡大してみた。なんともない。もう一度クリックしてみた。特になんともない。三度目、四度目、五度目とクリックしたときに、自分の瞳の中に深緑色のトレーナーを着ている男性が映っていることに気づいた。ふっくらとした輪郭で、福耳で、何かを覗き込むように屈んだ体勢をしている。顔のパーツはぼやけているけれど、中年男性的な中肉中背の体型だ。明らかに人が映っている、とわかるとパソコンを閉じる間もなくショルダーバッグを掴んでいた。その日は駅近くの漫画喫茶へ駆け込み夜を過ごした。あの部屋で安眠することなどもう二度とできないと思ったからだ。

朝になって家へ帰るとすぐにスカイプを立ち上げた。Fがログインしている。

「なんですぐに気づいたの？」

「俺って霊感あるから、どこに幽霊が写ってるか気づくの早いんだよね」

「私、緑色が嫌いで緑色のものが部屋にないから、瞳の中に映る筈ないんだ。人形も有名人のポスターもないし。一人のときに撮影したから人間が写り込むはずもなくて……」

「酒乱っぽいからお酒あげとけば？　多分その男の人、酒乱なんだよね」

「どういうこと？」

「暴れてるから、お酒をあげて満足してもらうといいよってこと」

「酒乱の地縛霊《じばくれい》的な……？　っていうか暴れてるって何？」

たかが一枚の自撮りからなぜそんなことがわかるのか、と思いつつも、確かに異音は酷くなってきていて、何かを蹴るような音を耳にすることが増えていた。色々と質問したいこともあったが、Ｆがその後ログアウトしてしまい、話は中断した。

翌日から箪笥を蹴るような音が顕著になった。

トントン、というような優しい音ではなく、ドンッ、ドンッと複数回鳴る。

また、パソコンを叩いていると真後ろの人の気配が濃くなった。元々気配はあったのだが、気にしない、気にしないとお得意の呪文でなんとかしていた。しかしたった数日の間にその存在感は、気にしないではいられないような濃度になっていた。

明らかに一人分の気配がそこにあるが、もちろん振り向いても誰もいない。

どうやらスカイプでやり取りした後辺りから、気配がぐっと濃くなっている。

真後ろの床が、大柄の男性に足踏みされたように響くといったことも起きるようになってしまった。堪えられなくなり既読無視されたままのスカイプを立ち上げると、〈自称霊感持ち〉の知人Fに「助けてほしい」と送信していた。このままでは普通に寝ることもできない。

二人暮らしだと思っていた頃は三人暮らしだった。一人暮らしをしているのだと思っていた現在は、どうやら二人暮らしのようだ。私は今まで何と暮らしていたのだろうか？

「今から言うことをやってみて。結界を張る方法があるから」

Fの言ったことは、どうにも信じがたいオカルトな方法であった。

一、なんでもいいので小石を三つ拾ってくる。
二、三角形を描くように小石を並べ、ドアの内側に対して底辺が平行になるように置く。
三、どんなお酒でもいいので、お酒をキッチンにお供えしてあげる。

私は翌日、仕事帰りに道端で小石を拾い集めるとそそくさとポケットに入れた。信じるよりほかになかったが、縋るしかない自分に呆れもしていた。

小石を集めるのなんて何歳以来だろうか？

それでもその当時の自分にはそれしか頼るものがなく、やってみるほかなかった。言われた通りに小石をドアの内側に置いた。三角形の底辺がドアと平行になるように。

言われなかった盛り塩までして、スーパーで買ったワンカップもキッチンに供えた。最後にやけくそのように手を合わせた。それからぱったりと、異音は止んだのである。

嘘のようなことだが、本当にその家ではその後何も起きなかった。毎晩安眠できる、とまではいかないが、普通に寝付けるようにもなった。これで引っ越さなくていいとも思ったが、その後一ヶ月の間、今度は家の外で恐ろしいことが続くようになった。

電車に乗れば人身事故を目撃し、小銭稼ぎに屋形船の配膳のアルバイトを始めてみると今度は、欄干から年配の男性が飛び込むところを目撃してしまった。

死んでいるとしか思えないその男性を助けるために乗組員と協力して船に引き揚げ、人工呼吸を行い、救急車と警察を呼んだが、しばらくはドブと皮脂と死の混ざったような臭いが鼻から離れず、白目の凝固した死相はまぶたに焼き付いて離れなかった。

そして休日、私はほとんど意識がない状態で外出し、気がつくと「馬鹿野郎！」と大声で怒鳴られていた。立っていた場所は新百合ケ丘のある大きな道路の真ん中であった。赤信号で軽トラックが迫り来る中を無意識の内に進んでいて、ハッとしたときにはトラックが無理なカーブを描きながら走り去っていたのである。

もう少しで意識のないまま自殺していた、という事態だったが、なぜその日そうしていたかの経緯が思い出せない。

そのような日々に精神が限界を来し、引っ越そう、と思うようになった。

『E川で、紫のジャケットを着た六十代の男性が行方不明になっています』

鬱々としたまま自宅で赤帽について調べていると、行方不明者を捜索する内容の防災行政無線を耳にした。近くのE川で釣りをしていた誰かが流され、そのまま姿が見えなくなったようだった。サンダルを突っ掛けて外へ出てみると、E川には捜索のボートが複数浮いていた。溺死は苦しいだろうな。ぼんやりと土手へ下りて、夕焼けと散歩中の犬とを交互に眺めるとすぐに家へ戻った。結局、流された男性は川から上がってこなかった。

まだ一年も住んでいないけれど、ここを出なければ今度は自分が死ぬのだと思った。

「勝手でごめん。いきなりだけど、帰るかもしれない。帰ってもいい?」

実家へ電話すると母が心配して様子を見に来てくれることになった。それからすぐに神奈川県の実家に戻り、ああもう終わったのだと思った。思ったけれど終わっていなかった。たたたたたた。たたたたたた。ばたん。ぺらっ。ぱたたたた。

引っ越しが終わってしばらくすると、ダイニングに足音が響くようになった。父の足音ではない。父は奥の間で寝ているし、こんなに軽い足音ではない。足音がする。横で寝ていた母にそう小声で伝えると、母は不思議なほど落ち着いていた。

「いるねえ。こういうのは仕方ないよ」

仕方ないのか。前は実家でこんなこと起きなかったのに。起きないから戻ってきたのに。ぺらぺらぺら。ぱきん。とたとた。ががが。ダンッ。

大きな物音だった。驚いて電気をつけると、固定されているブラシホルダーからブラシだけが抜け出て、ホルダーからだいぶ離れたところに落ちていた。誰かの手で抜かれて、床に叩きつけられでもしなければ鳴らないような音と、距離感であった。煌々と灯りをつけたのに母は寝てしまった。父は微塵も気づかない。あのおじさん、あの土地の地縛霊じゃなかったのかな？　また引っ越したらまたついてきちゃうやつなのかな？　誰にそう言われた訳でもないのに、なぜ私は地縛霊だと思ってしまったのだろうか。

私はその後も何度か引っ越しを繰り返した。そうして最近ようやく普通の日々を過ごせるようになってきている。何も起きなくなったのではない。目に見えない何かに布団を引っ張られながら目覚めても恐れを抱かなくなり、「仕方ない」と言うほかにどうすることもできない自分の生活を許し、〈普通の、起こり得る日常〉として受け止めながら過ごせるようになったのだ。

「あの時は言わなかったけど、本当に気持ちの悪い家だった」

母は引っ越し当時のことを思い出すと決まってそう言った。引っ越しを手伝うために軽トラックを借りてきて運転してくれた父も、ほぼ無言だったがそう思っていたのかもしれない。父はあれからすぐに病気で死んでしまったし、母も後を追うように心筋梗塞でこの世を去っているから、どう思っていたかを知ることはできないけれど――。


【後日談】

平成二十七年度の夏に開催された「高崎怪談会2」で私がこの話を語ると、参加していた男性の一人が興味を示して、後日、千葉県I市に現存するこの住宅を訪問した。

「近隣の住民に聞いてみたら、その部屋で異音騒ぎがあって、住んでいた人がちょうど二週間前から行方不明になってるっていうんだ。それで……」

それで、の後は連絡が途切れてしまっている。彼は健在だが、未だに続きを教えてくれない。どうやら「高崎怪談会」にはもう来ることもないらしい。話したくないのか。話したいけれど言えない事情があるのか。何も聞き出せないままである。

（二〇一五年七月十八日「高崎怪談会2」）

「酒乱の地縛霊」

北城椿貴（きたしろ　つばき）

一九八九年、神奈川県生まれ。二〇一三年頃から新聞や雑誌に短歌を投稿。毎日新聞、ＮＨＫ短歌、ダ・ヴィンチなどに掲載される。【共著】『Quiet Smile』『Wonder Last』『Xanadu of You』『Yours Ever』『ZERO POINT』（すべて太陽書房）。【出演】「前橋ポエトリーリーディング（前橋文学館）」「ウエノ・ポエトリカン・ジャム6」。

着信音

しのはら史絵

居酒屋を経営する川崎さんからお聞きした話である。

地方出身者である川崎さんは東京の大学に入学する前、あるトラブルに巻き込まれた。

大学が運営する学生寮に入る予定であったが、事務局側の手違いでダブルブッキングとなり、入寮することができなかったという。

「事務員の人は平謝りでさ。四年生が卒業するまで一年間、ここに住むのはどうかって提案されたんだ」

物件は〈○×団地・六号棟七階〉。

家賃は事務局が七割がた負担するので、格安の学生寮と同額。内見してみるとリフォーム済みの2DKは、学生の自分にはもったいないほど綺麗で広く、窓からの見晴らしも素晴らしかった。

「これはもう入居するしかないって即答したよ。逆にラッキーなんて思ったりしてね」

実際、住んでみると快適であった。

近くにはちょっとした商店街もあり買い物にも便利。両隣の住民も学生の一人暮らしと聞き、何かと親切にしてくれたという。

そして大学からも近かったため、彼の部屋はすぐに同級生たちのたまり場と化した。

その日も夜遅くから、飲み会がはじまった。川崎さんを入れて五人、全員いつものメンバーである。

深夜二時を回った頃、酒もつまみも足りなくなり、川崎さんが一人でコンビニに買い出しに出かけることになった。

買い物を終え、店から出る。待たせては悪いと近道を選び、家路を急いだ。

エレベーターに乗りこむと何もないところで足がもつれ、よろけてしまった。

少し飲み過ぎてしまったようだ。走ったこともあり、酔いがまわったのかもしれない。

やがて、チンッ、という電子音と共にドアが開いた。

「ん？」

廊下へ出ようとした足が止まる。

いつもの見慣れたフロアーではなく、目の前には段数の少ない階段があった。

その階段の先には、南京錠がかかった一枚の扉。その扉が屋上に通じているものだとすぐに理解した。

酔っぱらって、降りる階のボタンを押し間違えたに違いない。

川崎さんは苦笑いをしながら「七階」のボタンを押そうとすると、〈三号棟・一号機〉の文字が目に入った。ここは川崎さんの部屋がある六号棟でもなかったのだ。


まずいな――。

ここが三号棟であると認識した時点で、全身に鳥肌がたった。先週、この棟で飛び降り自殺者が出たことを思い出したからだ。

「その時間、大学にいたから実際には見てないよ。帰ってから聞いたんだ。中年の男性が、屋上から飛び降りたって」

その後の回覧板には、全ての棟の屋上の扉に南京錠をかけることにした、とも書かれていたという。

そもそも三号棟と六号棟は少し離れて建っており、普段出かける際も滅多に三号棟の前は通らなかった。そして建物自体は同じであるが、入り口周辺の景観はそれぞれ違うものであったそうだ。

「六号棟の前には公園があってすべり台やブランコも設置されてたし、三号棟の脇には散歩用に作られた小径があった。様子が全く違ったんだ」

真夜中であったが街灯はちゃんとついていた。前後不覚になるほど酔ってもいない。そんななか、気がつかずに違う棟に入ることはあり得ないと、川崎さんはしきりに話していた。

急いで逃げよう――不気味に感じた川崎さんは、すぐさま「一階」のボタンを押したが全く反応しなかった。

ガチャガチャガチャと狂ったように押している最中、〈フッ〉と耳たぶに吐息がかかった。驚いて後ろを振り向いても、もちろん誰もいない。

階段で降りるしかないと前を向くと、真ん中が透明になった人々が歩いていた。

皆、一様に肩から下が消えて、また脛《すね》辺りから二本の足が出現している。

日本髪を結っている女性、Tシャツを着ている小学生ぐらいの男の子。老若男女、また時代は様々であったが、たくさんの人たちがエレベーター後方の壁から出現し、屋上に出る扉に向かって歩いている。

「足並み揃えてというより、自然に二列になって歩いているように見えた。で、皆、まっすぐ前を見て階段を上ってさ。扉の向こうに、吸い込まれるように消えていったんだよ」

大声を上げ踊り場に飛び出した。階段を駆け下りようと一歩を踏み出すと、後ろから羽交い絞めにされ全く動けなくなった。

　自分を抱きかかえているはずの腕は全く見えない。けれども男に押さえつけられていると分かったという。

「何て言えばいいのかなあ……。とにかく耳にかかる息遣いとか、体を押さえる腕の太さとか。力の強さもそうだけど、体に当たる感触ですぐに男だって思った」

　その透明な男は彼を押さえつけるだけでなく、屋上へと続く扉のほうへ引っ張ろうとしていた。

　このままでは連れていかれる――。大声で助けを求めながら、引っ張られてはいけないと足で踏ん張っていた。

「ワーとかギャーとか大声を出しても、腕を振り払おうとしても駄目。こうなったら力比べしか方法はないんだよ。あの扉に行ったらヤバイって、もう必死になって階段の手すりを掴んでさ……」

　見えない男の力は強く、手すりを掴んでいた手も離れてしまった。

　ズルッと身体が動き、もう駄目だと諦めた瞬間、川崎さんの携帯が鳴った。

　帰りが遅いことを心配した友人がかけてきたのだ。

　着信音が鳴り響いたと同時に、スッと体が自由になった。力を入れていたせいもあり、彼は前につんのめりそうになったという。

顔を上げると、真ん中だけが透明な人たちの行列も消えていた。

逃げるようにして自宅に帰ってきた川崎さんは、事の顛末を友人たちに語った。

最初は皆、ただの冗談だと笑って聞いていたが、彼のただならぬ様子を見て次第に場が静まっていった。始発が出る頃になると、いそいそと帰ってしまったそうだ。

「俺が怖がらせたのが悪いんだけどさ。それから、しばらく来なくなったなあ。でも一人だけ、興味を持ってくれた友達がいて」

川崎さんを心配して電話をかけてきた友人である。

仮にその人の名を、Wさんとしておこう。

他の友人たちが帰ったあともWさんだけは残り、根掘り葉掘り話を聞いてきた。

川崎さんに対し一通り質問を終えると、「携帯の着信音で消えた理由を調査したい」と言いはじめたのだ。

このときまで知らなかったのだが、Wさんは重度のオカルトオタクであった。

そんな彼は「絶対、霊道だよ。霊道が通ってるんだよ！」と、半ば興奮気味に話していたという。

「試してみたかったんだろうな。今度、同じ時間帯に自分が三号棟に行ってみるから、あのとき自分がしたように携帯に電話くれって。もちろん断ったよ。散々な目にあったのに冗談じゃないって」

それから川崎さんは、夜中に外出することを一切やめた。引っ越すことも考えたが、お金がなくて断念した。

そうやって静かに暮らしていると、何も起きなかったそうだ。徐々に恐怖が薄れ、また普段通りの生活に戻った。

あの一夜から約半年後。

また全員集まって、川崎さんの部屋で飲もうという話になった。

その頃の彼は、「夜中に出なければ大丈夫だろう」と、すっかり油断していたという。

久々だったせいか飲み会は大いに盛り上がった。くだんの夜の出来事も、酒の肴として笑い話になっていたそうだ。

宴席の騒ぎが一旦おさまった、夜更けのことである。

川崎さんがまどろんでいたとき、ふいにWさんが話しかけてきた。

携帯の着信音で本当に幽霊がいなくなるのか実験したいと、また言い出したのだ。

「そういえばそんなこと言ってたなって。忘れてた訳じゃないけど、あのときはかなり酔ってたのもあって。軽い感じでうなずいてしまって」

川崎さんはWさんが出かけたあと、つい寝てしまったという。

「朝起きたら、Wがいないんだ。慌てて皆に訳を話して探してもらったんだけど、どこにもいなかったんだ……」

その日以来、Wさんの行方は分からなくなった。

他の友人たちは皆、「お前のせいじゃないよ。幽霊なんている訳ないし」と慰めてくれたが、川崎さんは今でも寝てしまったことを悔やんでいる。

「これはあのときの仲間にも話してないんだけど……」と前置きをして、彼は最後に教えてくれた。

失踪から三か月ぐらい経った頃、川崎さんは携帯のメールに気が付いた。

差出人はWさん、一文だけ「なんでかけなかったの」と書かれていたという。

この団地は現在も存在している。

（二〇一九年七月六日「高崎怪談会16」）

三本の腕

しのはら史絵

中国地方のとある県で子供時代を過ごしたF君は両親が共働きだったこともあり、祖父宅によく預けられていた。

「何もない田舎でしたけど、祖父ちゃんから色んな遊びを教わりました。竹を肥後守《ひごのかみ》で削って竹トンボを作ったり、虫捕りや川釣りでは祖父ちゃん独自のポイントを教えてもらったりしてね。ゲームばかりやらせたくないって、祖父ちゃんの方針だったみたいです。今どき、珍しいでしょ」

そう笑って話すF君は中学生だったある夏休み、〈不思議な生き物〉を視たという。

その日は台風の影響で、昼から雨脚が次第に強くなっていた。夜には猛烈な雨と風が吹き荒れ、暴風域に入っていた。

「あの日も祖父ちゃんの家に行ってたんです。近所だし、祖母ちゃんがご飯作ってくれるんで。友達と遊ばない日は、夏休みでも入り浸っていましたね」

テレビのニュースは朝から台風情報を伝えていたが、帰宅できなかったら泊まればいいと気軽に考えていたという。

「こりゃあ、ますます荒れそうだなあ」

当時、F君のお祖父さんは地元の消防団に入っていた。

夜になっても避難勧告は出ていなかったが、外の様子をずっと気にしていたお祖父さんは他の消防団員と連絡をとり、山の裾野付近の住民に避難するよう呼びかけに行った。

この辺りは山を切り開いてできた集落で、更に地質がゆるかった。土砂災害を心配したのだ。

「うちの地方、多いんですよ。祖父ちゃんから嵐の日には絶対外に出るなって、小さいときから言われてたんです。まあ、当たり前なんですけどね」

夜更けになってもお祖父さんは帰ってこなかった。その間、ますます状況は酷くなっていた。

猛然たる雨風が窓ガラスを叩きつけ、ガタピシと鳴っている。

眠れないF君が外を見ると、庭の柿の木が今にも倒れんばかりに風に揺れ、激しくもみ合っていた。

この時間になると、すでに役場からはお祖父さんが向かった対象地域に、避難勧告より警戒レベルの高い避難指示を出していた。

それなのに一向に帰ってこないのである。

大丈夫かな……。

がけ崩れ、地滑り、土石流——。どれも巻き込まれたら危険な現象が、頭をよぎる。

F君はその頃まだ土砂災害に遭遇したことはなかったが、数年前、同じような地形である隣の市がやられていた。

お祖父さんのことが心配で気が気じゃない彼はお祖母さんには内緒で、家を飛び出していった。

吹《ふ》き降《ぶ》りの嵐の中、F君は消防団の警告ランプの灯りを探そうと、川の上流に向かい、坂を上っていた。

お祖父さんの安否も気がかりであるが同時に気になるのは、山である。この集中豪雨では、いつどうなるかわからない。

様子を見ようと顔を上げた途端、山麓付近の住宅の屋根がキラキラと光っているのが見えた。

不審に思い、近づいてみる。

雨のしぶきが顔にかかる状況になれてくると同時に、「何だ、あれ！」と声を出してしまった。

屋根瓦の上には真っ裸の人間が乗っていた。

否、人のように錯覚したのであった。

まん丸で大きな黒目、電動ドリルで穿ったような小さな二つの穴は鼻であろう。ぱっくりと開いた口元からは獣のような牙が出て、胸のあたりからは腕が一本突き出ているかのように見えた。その腕のようなものが、キラキラと光っていたのだった。

その人形《ひとがた》のモノは、三本の腕を前後左右にくねくねと器用に動かしながら、その場で激しく飛び跳ねていた。

すでに着ている雨合羽は用をなさず、全身ずぶ濡れであった。しかし呆気にとられたF君は、その得体の知れない生き物から目が離せなかったという。

よくよく見ると、胸の真ん中から生えていると思われた三本目の腕は、だらんと口から下がった長い舌であった。奇妙なほど長いこの舌からは、よだれが垂れているかのように、雫がぽたりぽたりと落ちていたという。

突然「キュュュューン」と、甲高い音が鳴り響いた。この集落全員に避難勧告を告げるサイレン音であった。

その音にハッと我に返った彼は、祖父宅へと逃げ帰ったという。

「後ろも振り向かず、とにかく無我夢中で走って逃げましたよ。で、帰宅したら父親と母親もいて、大目玉食らっちゃいました。あの頃まだ俺、携帯持ってなかったから、だいぶ心配かけたみたいで……」

F君がいないことに気づいた祖母が、慌てて彼の両親を呼んだそうだ。

そのあと全員、すぐに避難所へと移動した。

「あそこに行ってもあの化け物のこと思い出すと、怖くて一睡もできなくて。家族みんなに話しましたけど、信じてくれたのは祖父ちゃんだけだったんですよね」

避難所に到着後、しばらくしてお祖父さんとも無事に合流できた。F君がくだんの化け物について打ち明けると「だから出るなと言ったんだ！」と、叱られてしまったそうだが。

「その瞬間、わかったんです。祖父ちゃんが『嵐の日は絶対に外に出るな』って言ってた理由が。怪我したら危ないとかじゃなくて、あの化け物を見てしまうからなんだって。だけど祖父ちゃん、あの化け物の正体を聞いても教えてくれなかったんですよね……」

何故だかわからないが、「お前は知らなくていい」としか言われなかった。

翌朝、土砂災害に巻き込まれた地区があると、避難所に一報が入ってきた。昼頃には被害が出た家の噂でもちきりになっていたという。

F君の家は無事であったが、彼の想像以上に被害が大きかったそうだ。

「実は安全が確認されるまで数日、避難所から家に帰れなかったんです。だからちゃんとした情報がすぐにわからなくて」

帰宅途中、少し離れた場所からでも、土石流に飲み込まれ倒壊した家の残骸が見えた。

実際に被害にあった地区にあとからボランティアで行ってみると、辺り一面瓦礫の山であったという。

「消防団に入っていた、祖父ちゃんの手伝いで行きました。ちょうど向かった先が、あの化け物が乗っていた家の地区だったんです。全部潰れていたから正確にはわからなかったんですが、大体この辺って祖父ちゃんに教えたんです。そしたら祖父ちゃん、口ごもっちゃって……」

何かあると感じたF君が消防団の別の人に聞いてみると、「この辺りだったら足立さんの家かも……足立さん、逃げ遅れて家族全員亡くなったんだよね」と、教えてくれたという。

その化け物と亡くなったご家族の関係性は不明である。

この話をF君から伺ったとき、私は妖怪の〈しょうけら〉を思い出した。しょうけらについては諸説あるのだが、庚申待《こうしんまち》と呼ばれている民間信仰においては、人間に害をなす存在として伝えられている。

庚申待では人の身体の中には〈三尸《さんし》〉という虫がいて、いつも人間が悪事を働いていないか見張っているという。この三尸は庚申日の夜になると人々が寝ている間に天にのぼり、日頃の行いを閻魔大王に報告すると言われている。行いが悪い者は寿命が縮まるらしく、人々から大変恐れられていた。この三尸が〈しょうけら〉に当たるという説があるのだ。鳥山石燕《とりやませきえん》の「画図百鬼夜行《がずひゃっきやこう》」では屋根にのぼったしょうけらが、明り取りの天窓から家の中を覗いている様子が描かれている。家の中の人間を見張っているのだそうだ。

屋根の上にのぼること、また石燕の描いたしょうけらが牙をむく獣のようであることなど、一致する点が多いように感じるのは私だけであろうか。

（書き下ろし）

水子になる前

しのはら史絵

以下の話は産婦人科医のＭ美さんから伺った話である。

病院の名称、個人名などを特定されるようなことは一切書かないで欲しいと念押しされ、彼女が遭遇した奇妙な出来事を拝聴してきた。

私たちはＭ美さんの勤めている総合病院から、少し離れたカフェで待ち合わせをした。

産婦人科医不足のなか、多忙な勤務の合間をぬい、取材を受けにきてくれたのだ。

「水子になる前から、霊障ってあるんだって思うことがあって」

産婦人科であれば、水子による霊現象の話は多いだろう。事実、私の所にもお寄せ頂いている怪異がいくつかある。

今回も同じたぐいの話だろうと考えていたが「水子になる前」とは一体、どういう意味なのだろうか。

すぐさま食指が動いた私は居住まいを正し、緊張しながらもペンを走らせていった。

三年前の春先、M美さんの元に、ある既婚女性が妊娠検査を受けにきた。おめでたであった。祝いの言葉と妊娠六週目であることを告げると、女性は飛び上がらんばかりに喜んでいる。

年齢は三十代中盤、結婚したのが遅く自分たちで妊活に励んでいたが、なかなか子供が授からなかった。年齢のこともありそろそろ不妊治療を、と夫婦で話し合っていた矢先のことであったという。

「うちは検診から出産まで一人の医師が担当するんです。妊婦さんとは長いお付き合いになります。最後まで安心して産めるように、看護師や助産師たちとチームも作っていました」

その後も女性は定期的に検診を受けにきていた。

お腹の子は順調に育っている。妊娠検査を受けた日から〈つわり〉のような症状が酷いと伝えてきたが助産婦からのアドバイスもあり、十週目を過ぎた頃にはだいぶましになっていた。

検査をした全ての数値も悪くない。彼女に関しては大丈夫そうだ。

長年、産婦人科医をやっている勘もあり安心していたM美さんは、十二週目を越えた段階で検診頻度を四週間に一度に変更したという。

「うちの病院は何かあったときのために、産婦人科医だけでなく麻酔医も二十四時間対応しているんです。もちろん、彼女にもそう伝えてました」


それから約二週間後の、ある夜中のことであった。

「先生、彼女の状態が変なんです！　一刻も早くきて下さい！」

くだんの女性が病院に運び込まれたという、緊急の電話がかかってきた。

電話をくれた看護師の酷く狼狽している様子に、M美さんはすぐさまベッドから飛び出し身支度をはじめた。

いやな予感がする。

胸騒ぎを抑えながら病院に到着すると、他の産婦人科医と看護師が駆け寄ってきた。

吐き気のため何も食べられないと訴える女性の状態と彼女の夫からの話を聞き、重度の〈妊娠悪阻《にんしんおそ》〉を疑った医師は、まず点滴をしようとしたが彼女は凄まじく暴れ「今すぐに堕して！」と、叫び続けていたようだ。

妊娠中にうつ状態になったのかもしれない。

今はとりあえず落ち着いて病室にいる。担当医であるM美さんと二人だけで話したいから誰も入れないでほしいと頼まれたと聞き、まっすぐに女性のいる個室へと向かった。

彼女の夫は酷くうなだれて、個室の前の廊下にある長椅子に座っていた。

一緒に入りましょうと声をかけたが、顔も上げず首を横に振るだけであった。

病室のドアをノックしても応答はなかった。急いでドアを開けると、ぷんと生臭い匂いが鼻をついてきた。

仄暗い部屋のベッドの中央では、女性が背を向けた状態でうずくまっている。同時に〈びしゃっ、ぴち〉と吐しゃ物が落ちる音がした。吐きつわりが酷いに違いない——。

「い」

彼女の背中をさすろうとしたM美さんは、思わず変な声を上げてしまった。女性が抱えていたステンレスの容器には、赤く丸々とふくらんだ物体がはねている。

三匹の金魚であった。

たった今、女性の口から出てきたと思われる金魚は口を動かしながら、粘度のある透明な胃液の中で〈ぴちっぴち〉と、もがくように跳ねていた。

異様な状態に呆然としたM美さんは彼女の嘔吐がおさまるまで、ただ背中をさするしかなかったという。

その間、彼女はもう一匹、金魚を吐いてしまったそうだ。

「妊娠中、不思議なものを無性に食べたくなる症状はたしかにあります。よく聞くのは土とか氷とかですね。でも、今まで金魚なんて聞いたことがないんです。しかも生きてる状態で出てくるなんて、考えられないですよね……」

吐き気が静まっても女性は「堕ろさなきゃいけない」と、さめざめ涙を流していた。

泣き疲れ落ち着いた頃に理由を聞いてみると、お腹の子供は不倫をしていた独身男性の子であると告白してきた。

悩みに悩んで妊娠を告げると、男性は「離婚して俺と結婚しよう」と迫ってきた。それはできないと、かなり二人の間で揉めていたという。

「彼女は金魚なんて食べていなかったそうです。不倫相手と別れてから、突然、金魚を吐くようになったって。それからは食べ物を見ても全部生臭く感じるようになって、何も食べられなくなったって言ってました」

どうしても産みたかった。

この機会を逃すと、もう妊娠しないような気がしていた。

落ちくぼんだ目でそう呟いた女性に、M美さんは何も言えなくなってしまった。

後日、エコー検査をした結果、お腹の赤ちゃんは正常に育っていた。脱水症状はあったものの、全ての数値も異常はなかった。だが、彼女は中絶を選んだ。

「彼女、体もそうですが、精神的にもかなり追い詰められていましたから。これって〈水子になる前〉の霊障ですよね……だけど、彼女から聞きましたが別れた男性、別に亡くなっているとかではないそうなんです。生きている人の恨みによる異常な現象、というべきなんでしょうか……」

因みに、不倫相手の男性は金魚など飼ってはいなかったそうだ。それなのになぜ、金魚を吐くことになったのか、彼女も理由はわからなかったという。

ここからは余談である。

去年、手術直後の女性患者にわいせつな行為をしたとして、準強制わいせつ罪に問われ、無罪判決を勝ち取った男性医師のニュースを覚えている方も多いと思う。

判決理由では、「せん妄により性的幻覚を体験していた可能性がある」とも述べていた。術後せん妄。

麻酔薬の影響で一時的に起きる意識障害であり、手術後に幻覚が生じる症状を指す。

M美さんの話では術後せん妄状態になることは、稀なことではないらしい。大きな病院であると、毎日のように幻覚を見る患者が出ているのではないか、とおっしゃっていた。

「うちの病院も同じです。ただ、違う点はせん妄状態になる方は皆、同じものを見ているようなんです」


やめて。堕ろさないで。産みたい。


手術が終わったのにも拘らずある人はそう叫び出し、またある人はうわ言のように繰り返しこれらのことを呟くのだという。

「よそでは聞かないので、こんな現象はうちの病院だけだと思います。中絶をする理由は人それぞれだと思うのですが、女である以上『やっぱり産みたい』って心のどこかで感じてるのかなって思うんですよね……」

M美さんは深いため息とともに、そう話を結んだ。


（書き下ろし）

太《た》刀《ち》魚《うお》と刃《やいば》

しのはら史絵

地方で怪談の取材をしていると、稀にではあるが地元の〈禁足地〉について情報をいただくときがある。

しかし、入ってはいけない理由を伺うと提供者もよく知らない、あるいは複数の説があるなど曖昧なことも多い。

時代と共に地域の人々から忘れ去られていくのか、もしくは伝言ゲームのように言い伝えが変化、膨らんでいったのかは不明である。

以下に記す話は、西日本で漁師をしている半田さんからお聞きした。

彼もまた〈タブーを犯してはならない理由〉を、知らない者の一人であった。


「うちは小さな漁師町でね。どんどん住民が居なくなってる。みんな、外に行っちまうんだ。漁ぐらいしか仕事もないしな。キツイ、汚い、カッコ悪い、稼げない、結婚できない。五拍子もそろった仕事じゃ、若い奴らも離れていく。今では俺みたいな六十過ぎた爺さんしか残ってないよ。ま、こんな話をしても、都会育ちの人にはピンとこないかもしれないけど……それでもあの頃よりは、ましかな」

思い出すと今でも震えがくるよ、と半田さんは苦々しく笑った。

あの頃――当時は年単位で不漁が続いていた。それに反してじりじりと船の燃油の値上がりも続き、痛手であった。

半田さんは釣り人たちのために民宿と貸し船業も経営していたが、これといって観光名所もなく、じわじわと寂れていく町に訪れる客も少なくなっていたという。

「このままだと女房子供を食わしていけねえ、死活問題だ。家内が食堂でパートして日銭を稼いできてくれたけど、貯金は減る一方だったな……」

どうにかしなくてはいけない。

船も家も売り、他の土地に移住することも考えたが、この町で生まれ育ち漁師の経験しかない彼は、決断できずにいたという。

まだ残暑厳しい九月のことである。

とある研究所から一本の電話が入った。

「明日、船を貸してくれって、切羽詰まった声で電話があったんだ。それも貸し出してる小型船じゃなく、俺が漁で使ってる中型漁船だ。研究所で所有している船が故障したからって言ってたな。実験だか研究だかで使う魚がほしいって」

中型船を貸せということであれば、魚の量はある程度必要なのだろう。

今は不漁で獲れないという断り文句を、すんでのところで飲み込んだ。先方が提示した金額が想像以上に良かったそうだ。

上の子は来年、小学校に上がる。これで新しいランドセルも入学式に着ていく服も買ってやれる。

取り崩していた将来必要となる船の修繕費も、また貯めていけるかもしれない……。魚が獲れる獲れないは、向こうの問題だ。俺はただ船を貸して操縦してやるだけだと、安易に承諾してしまったという。

明くる日の早朝、研究所の人たちは時間通りに来た。

「よそもんが来たからって、潮の流れは変わらないからな。いつもの通り、収穫は少なかった。そしたら、研究所の奴らが詰め寄ってきて……」

これでは足りない。もう少し沖にいってくれ。今回はかなりの経費がかかっている。そう立て続けに迫られた平田さんは、つい口ごもってしまった。

本当は獲れる場所は分かっていた。

だがこれより先、沖には行けない理由があった。

〈禁足海域〉とでも呼べばいいのだろうか。このまま船を走らせると、認定はされているが島とは思えない程度の大きな岩が海面から突き出ていた。

地元の住民だけがひそかに「乙女岩」と、呼んでいる小島である。

〈乙女岩を目印にそれより先には進んではならぬ〉、という言い伝えがあるのだ。

「いや、でも――」

言いかけてふと、思った。何故、あの岩から先に行っては駄目なのかと。

親も祖父母もはっきりとしたことは知らなかった。理由を聞いても「昔から言われてることだから」と、要領を得ない返事ばかりであったという。

昔からの決まりなんて関係ねえ。こっちは日々の生活費にも困っている。霞を食べて生きていける訳がねえんだから。

正直、憤っていたのもある。自分も含め、あの岩付近には魚群がいることを皆、知っているはずなのに、目を逸らしていたからだ。

気づけば「分かりました」と返事をし、速度を上げ、乙女岩の向こうへと船を走らせていた。

結果、大漁であった。研究所の人たちは安堵の表情を浮かべ、帰っていったという。

その日の晩、とても疲れていた彼は夕食も取らず寝床に入り、今日あった出来事を思い返していた。

乙女岩の向こう側は拍子抜けするほど、のどかな海原が広がっているだけであった。

やっぱり、ただの迷信だったのか。

今まで禁忌を犯してはならないと、守ってきた自分らが馬鹿を見ただけだ。

皆、生活にあえいでいる。明日、「行っても大丈夫だ」と教えてやろう。

そんなことを考えながらうとうとしていると、灯りの消えた真っ暗な天井に透明で薄いひらひらとした物体が四つ、浮かんでいるのが見えた。

それらは青白く光りながら右へ左へと移動し、ゆっくりと下降してくる。

綺麗だなあ、太刀魚《たちうお》が空中を泳いでいるみたいだ――。

今日は特に大きな太刀魚がたくさん獲れた。その影響もあるのか半田さんには、ひらひらした透明な物体が、太刀魚の背びれのように見えたという。

まどろみのなか、それらをボーッと眺めていると、いつの間にか眼前まで迫ってきていた。

「え」

何が起きたのか、最初は分からなかった。

くだんの物体が〈シュッ〉と音を立て頬に触れると、まるで燃えているかのようにその箇所が熱くなった。そしてヒリヒリと痛み出したのである。

目を凝らすと柔らかそうに見えたそれは、鋭い刃《やいば》のように研ぎ澄まされているのが分かった。

「太刀魚の背びれというより、日本刀のようだった」

顔、腕、足――。その刃はタオルケットから出ていた身体の部分を、容赦なく攻撃してきた。切りつけたあと、また跳ね上がって再び襲ってくる。

逃げようとしても、身体が石のように固まって動かない。叫ぼうとしても声も出なかった。

半田さんは抵抗するすべもなく、朝まで切り続けられたという。

翌朝、二人の子供たちの泣き声で目が覚めた。急いで自分の両腕と両足を確認したが、無傷であった。夢か現《うつつ》か区別できないほどの、生々しい痛みであったのだ。

胸を撫で下ろした彼は、今度は火がついたように泣き続けている子供たちの様子が気になった。

台所に行くと、子供たちは母親に抱きついていたという。

「上は娘、下の子は息子だよ。二人とも夢の中で痛い思いをしたって、泣いていたんだ」

夢の内容を尋ねると、半田さんが見たものと全く同じであった。

驚愕した彼は慌てて確認をしたが、二人の子供も怪我はなかったそうだ。

奥方以外の家族三人、同じ怖い夢を見た。通常ならありえない現象である。

乙女岩より向こう側に行ったせいだとしか思えなかった。

しかしいくら考えても、乙女岩と太刀魚の関係性が分からない。

また、奥方だけがあの夢を見ないことも不思議であった。

得体のしれないモノへの恐怖、今後、どうなっていくのか分からない不安に押しつぶされそうになりながらも、半田さんは自分のしでかしたことを、家族にも話すことができずにいたという。


その夜、心配した彼はいつも一人で寝ていた仏間で、家族と共に就寝した。

久しぶりに見る子供の寝顔。

今晩は何も起きないようにと何度も心の中で祈っていたが、また三人とも昨夜と同じ夢を見て、酷くうなされていたという。

前日と違っていた点は一つだけあった。朝起きると皆、切り傷が一つ出来ていた。

傷口ができた箇所はバラバラであったが、次の夜、そのまた次の夜と、傷は一つずつ増えていく。

そして最初にできた傷口は乾いていたが、二回目以降についた傷は〈ぐちゅぐちゅ〉に化膿していた。寝ている間だけではなく起きているときも、痛みを感じるようになっていた。

「次第に家内が半狂乱になってね。このままだと子供たちが死んじゃうって、泣き叫ぶんだ」

一日ごとに増えていく、化膿した切り傷。

子供たちの苦痛にゆがむ顔を見て、奥方が取り乱すのも無理はない。

彼も愛する我が子が苦しむのは自分のせいだと思い、胸が痛んだ。

バレたら地元にいられなくなると怯えていたが一日も早く、お祓いをしてもらおう。

異変が起きてから四日目、半田さんは氏神様を祀っている地元の神社へと向かった。

宮司に事のあらましを話すと、詳しく伺いたいと建物の奥へと通された。

彼はそこで自分や子供たちが体験したことを、洗いざらい話したそうだ。

「しばし、お待ちください」

彼の話に、耳を傾けていた宮司が席を立った。

再び戻ってきたときには、古そうな書物を何冊か抱えていたという。

それらは代々この神社に伝わるもので、宮司の先祖が書いた和書だそうだ。

「半田さんが見た〈透明で薄い物体〉は、太刀魚ではありません」と、宮司は和書を広げながら、乙女岩に関する忌まわしい歴史を説明しはじめた。

江戸時代、この集落一帯は大きな地震に見舞われたという。

一七〇七年に起きた「宝永大地震《ほうえいおおじしん》」である。

「それに伴い、巨大な津波がこの地域全体に襲いかかったのです」

当時は町ではなく、村であった。この村の半分以上が津波に飲まれ、壊滅したそうだ。

海神が怒っているに違いない――。

生き残った村人たちがそう口を揃えると、一年に一回、神に供物を捧げることになった。

人柱である。供物とは、まだあどけなさが残る少女のことであった。

白装束をまとった処女を縄でしばり、乙女岩の向こう側の海に落としていたのだ。

十年近く続いたその儀式は、ある年から中止になった。

「その年を境に、村人たちが次々に死んでいったのです。最初は、この慣わしを決めた庄屋の一家でした。遺体を見ると、無数の切り傷がついていたそうです」

亡くなるまでの期間、恐ろしい夢を見るとしきりに訴えていたという。

その夢とは、透明で薄い布のような物が天から降ってきて、刃のように身体中を刻むと、この和書に書かれていると宮司は説明した。

「その布のような物というのは、少女たちが着ていた白装束の袖です」

人柱にされた彼女たちの怨念の仕業。

祟りに合わないよう、儀式をやめた年から〈乙女岩を目印にそれより先には進んではならぬ〉と、禁忌ができたそうだ。

「まだ、この集落の人間を恨む気持ちが、残っているみたいですね。半田さんの奥さんがそれらの夢を見ないのは、この地域の出身ではないからです。研究所の方たちも大丈夫だと思います」

確かに、半田さんの奥方は隣の県の出身であった。

あの岩のことを、地元民だけが乙女岩と呼んでることも、合点がいった。

昔、この祟りを沈めたのは、この和書を書いた宮司の先祖であると聞いた彼は、自分たち親子のことも助けてほしいとすがりついた。

宮司はしばらくの間、怒っている顔でむっつりと黙っていた。

やがて「……準備します」と一言残し、部屋を後にした。

一時間半ほど待たされて、ようやく祈祷がはじまった。

半田さんは目をつぶり、必死に祈っていたという。

宮司は祝詞らしき書を読み上げているのだが、何度もつっかえ、妙にたどたどしかった。

不安になり目を開けると、宮司の身体がガタガタと揺れている。

震えていた。祝詞の一節を上げるたび〈シュッ〉と、烏帽子や袴に鋭い切れ目が入っていたのだ。

「邪魔しにきたんだと思う。ほんと、生きた心地がしなかったよ……」

数時間におよぶ、長い祈祷が終わった。

ぐったりと椅子に座り込んでしまった宮司に、今後何をすればいいのか聞いてみたが、

「今日、例の夢を見なければ大丈夫です」としか教えられなかった。

祈祷の効果を訝《いぶか》しんだまま、彼は家路についた。


その日の夜、子供たちも寝かせずに一晩中起きていたほうがいいと、半田さんは頑張っていたが、いつの間にか眠ってしまったという。

くだんの夢は、誰も見なかった。新しい傷もついてはいなかった。

「本当に終わったのかどうか不安だったな。だから報告がてら、もう一度聞いてみようと

思って」

彼はまた、神社を訪ねていった。

宮司に夢は見なかったと伝えたところ「良かったあ」と、その場にしゃがみこんでしまったという。話を聞いてみると、実は宮司の方も半信半疑であったそうだ。

「昨日までこの本に書いている内容は、ご先祖様の作り話だと思っていたのです。それから話をだいぶ盛っているな、と考えておりました。まさか、本物であったとは、思いもよりませんでしたよ」

〈乙女岩を目印にそれより先には進んではならぬ〉との禁忌も、危ないから沖には行くなという、戒《いまし》めのようなものだと考えていたという。

そこに本と同じ怪異に遭遇した半田さんが現れたので、仰天したのだった。

半田さんが乙女岩の禁忌を破った件であるが、宮司は誰にも言わないと約束してくれたそうだ。その際、こういうことは早く忘れた方がいい、とも言っていた。

いわく「忌まわしい過去の記憶が消えることにより、彼女たちの怨念もなくなっていくような気がするんです」、と。

現在、地元でも乙女岩のことを知っているものは減ってきているという。

（二〇一九年八月三日「高崎怪談会17」）

「着信音」
「三本の腕」
「水子になる前」
「太刀魚と刃」

しのはら史絵（しえ）

東京都出身。脚本家、作家。シナリオ、小説、漫画原作を手掛ける傍ら、幼少の頃から好きであった怪談蒐集に勤しむ。都内で怪談会やイベントも主催。著作に『お化け屋敷で本当にあった怖い話』『異職怪談』（二〇二〇年一月二十八日発売）。DVD出演『本当にあったエロ怖い話～エロ怪談界紳士淑女の怪演～』（十影堂エンターテイメント）。

蚕《かいこ》よ、飛べ

戸神重明

群馬県はかつて生糸の産地として知られ、日本屈指の養蚕県《ようさんけん》であった。私の父方の親戚には農家が多く、どの家も養蚕を営んでいた。私も小学生の頃、父に連れられて藤岡市にある伯母の嫁ぎ先へ手伝いに行ったことがある。網を張った飼育台の中から、丸々と太った蚕の幼虫を一頭（注）ずつ素手で集め、ダンボールでできた〈回転まぶし〉と呼ばれる蛹化《ようか》用《よう》の装置へ移す。簡単ではあるが、時間がかかる作業で人手が必要だったらしい。

真っ白な幼虫は、おとなしくてかわいかった。作業の合間に肩に乗せて遊んでいると、私が無類の虫好きであることを知った伯母は、優しく微笑みながら言ったものだ。

「重《しげ》ちゃんは将来、〈養蚕教師〉になったらいいよ」

その頃は養蚕を研究し、農家に指導する〈養蚕教師〉という職業があったのである。

しかし、繭を作った蚕は蛹の状態で殺されてしまう。最後は蚕を犠牲にして生糸を取ることを知って、子供心に、

（かわいそうに。でも、仕方がないんだろうな……）

という複雑な気分になったことは、今でも忘れられない。また、当時既に、

「繭一個が十円以下にしかならない」

と、伯母夫婦から聞いていた。

収益が上がらなくなったことから、やがて群馬県内の養蚕業は急速に廃れていった。伯母夫婦も亡くなってしまい、今では親戚に養蚕を営む農家は一軒もない。

一

高崎市郊外でのことである。六十代後半の男性T雄さんの家は、代々養蚕を営んできたが、収益が低下したことから、だいぶ前にやめてしまった。自宅の近くに平屋建ての大きな飼育小屋があり、春から晩秋までは養蚕、晩秋から春までは椎茸栽培に使っていた。のちに椎茸栽培も収益が低下したのでやめてしまい、飼育小屋は長いこと放置していた。その土地を買いたいという人が現れたので、更地にして売却することになった。

飼育小屋の解体工事が終わったとき、T雄さんは現場の様子を見に行った。天気の良い、冬の午後のことである。建物の残骸はすべて片付けられ、掘り返された地面が剥き出しになった土地からは、かつての面影がすっかり失われていた。

更地に一人で立ってみると、不意に――。

ザーッ、ザザーッ……、ザーッ……。

ザザザーッ……、ザザザザザッ、ザザザーッ……。

（雨か……!?）

大粒の雨が降るような音が聞こえてきたので、慌てて空を仰いだ。

だが、青空が広がっているばかりで雨など一滴も落ちてこない。冬にしては穏やかな日で、空っ風も吹いてはいなかった。遠くの物音が風に乗って聞こえてくるわけでもなさそうだ。にも拘らず、大雨が降り頻《しき》るような音は依然として続いている。それもT雄さんの周りの至る所から聞こえてくる。その音は三分ほど続いて、不意にやんだ。

そこでT雄さんはようやく思い出した。

昔はここに莫大な数の蚕が生きていたことを——。幼虫たちが一斉に桑の葉を食《は》むと、雨が降ってきたのか？　と思うほどの大きな音がずっと響いていたものである。

T雄さんは込み上げてくる寂しさに唇を噛みながら、更地を後にした。

二

これも群馬県内での話で、その土地にはかつて製糸工場があった。つまり、蚕を殺して生糸を取る工場である。今では跡形もなく取り壊されてしまい、ある公共施設が建っているが、敷地の隅に蚕の供養塔が遺されている。長方形で台座も含めて高さ一・八メートル近くあるものだ。

Y子さんは小学五年生の娘を連れて、買い物帰りにその前を通りかかった。冬の夕暮れのことだったが、白い虫が飛んでいるのが見えた。

蛾のようである。それも十頭以上いるらしい。

「あら、こんな時季に蛾がいるなんて……」

思わず足を止めて見入ってしまう。

実は真冬でもフユシャクと呼ばれるシャクガの仲間は活動している。けれども、その白い蛾たちは異様な姿をしていた。胴がでっぷりと太っていて、翅《はね》が極端に短い。

「これ、お蚕じゃないの！」

Y子さんの実家はかつて養蚕を営む農家だったので、彼女も蚕の姿は見慣れていた。中には成長が早くて出荷前に羽化してしまう個体もいて、成虫を目にする機会もあった。だからこそ、蚕の成虫は翅が退化していて飛べないことも、卵で越冬することも知っていた。

よく見れば濃い夕闇の中、街灯の光を浴びて墓石に似た長方形の供養塔が建っている。本来ならば翅が短くて飛べないはずの白い蛾たちが、その周りを飛び回ったり、塔の上や側面に舞い降りたりしていた。留まっている蛾に顔を近づけて確かめたが、まちがいなく蚕である。飛べるといっても飛ぶのが得意なわけではないようで、二、三メートル舞い上がっては、また降りてくる。塔からさほど離れるものはいなかった。

「お母さん、さっきから何を見てるの？」

娘が訝しげな表情で、こちらを見上げている。

「ほら、お蚕が飛んでるよ！」

指で示したが、娘は目を丸くして意外なことを口にした。

「何もいないじゃない！　寒いから早く帰ろうよ！」

娘には、群れ飛ぶ蚕の姿が見えていなかったのだ。Y子さんは驚き、不可解に思ったものの、ずっと眺めていても埒が明かないので帰宅した。

翌朝、Y子さんは同じ場所を通ったが、蚕はいなくなっていた。死骸すら落ちていなかったそうである。

（二〇一七年七月二十九日「高崎怪談会8」。朗読　内藤綾さん。執筆　戸神重明）

（注）虫屋（昆虫採集マニア）は昆虫を一匹ではなく、一頭と数える。私も虫屋なので、そう呼ぶ。また、蚕は古来より家畜であるため、養蚕農家では一頭と呼ばれていた。

河畔林の異界

戸神重明

クヌギの樹液が発する芳醇なウイスキーを思わせる甘い香りや、ヤナギの葉のツンとした匂いが身体に染みつくと、帰宅してから風呂に入ってもなかなか落ちない。そんなとき、私は「ああ、今年も大好きな夏が来たな！」と感じるのだ。

さて、これは怪談仲間で、私と同じくクワガタムシ捕りを趣味にしているOさんから「高崎怪談会4」で伺った話である。二〇一四年、彼が三十三歳のときのことだという。

六月下旬の晩、彼は群馬県南部の河畔林へ単独でヒラタクワガタを捕りに行った。ヒラタクワガタは南方系の昆虫で、西日本では普通種だが、群馬県は生息地の北限に近く、ごく限られた範囲の河畔林などにしか見られない。

Oさんは午後八時頃、河川敷の舗装されていない道に車を乗り入れ、ヤナギ林の手前に停めた。草薮を進むと、林の中には小道ができている。彼や他の虫屋が下草を踏み分けたり、鉈《なた》で伐り払って作ったものだ。ここは大木が数多く生えていて、あちこちから樹液が湧き出ている。

同じヤナギでもヒラタクワガタが集まる木と、ノコギリクワガタが集まる木がある。中にはコクワガタしか寄りつかない木もあるのだが、クワガタムシたちが何を求めてそれらの木を選んでいるのか、Oさんにはわからなかった。

蒸し暑い晩のことで、クワガタムシたちが樹液に来ている。ノコギリクワガタと、彼がとくに好きなヒラタクワガタが、懐中電灯の光芒の中に浮かび上がった。持ち帰るのは気に入った数頭のみと決めているが、帰り際に逃がしてやるつもりで、捕れたものはすべて一旦プラケースに収めてゆく。

Oさんは小道から外れて藪漕ぎを始めた。この場所には昼夜を問わず何度も来ているし、さほど大きな林ではないので、どこにいても迷わない自信がある。

藪に足を踏み入れると、世界が変わった。小道沿いのポイントにもクワガタムシはいたが、数が違う。どの木にも十頭前後のヒラタクワガタがついている。群馬県は大型のヒラタクワガタが極端に少ないため、〈マメピカ〉と呼ばれる四十ミリ前後の小さな個体ばかりだが、次々に見つかった。〈マメピカ〉とは、豆のように小型であることと、ヒラタクワガタの雌や、雄でも小型の個体は全身が黒光りしていることからついた渾名《あだな》らしい。

雌は捕らず、雄も手が届かないほど高い樹上にいるものは放っておいた。それでも、たちまち三十頭は捕れたという。これほど捕れたのは初めてのことで、Oさんはすっかり気を良くしていたのだが……。

いざ引き揚げようとすると、来るときに通った小道が見つからなかった。

大木や洞のある木など、特徴のある木の前に立って、どちらから来たのか考える。こっちだろう、と思った方角へ進んだが、小道には出られなかった。幾ら進んでも藪ばかりが続いている。ついには前進できないほどの深い藪に行く手を遮られた。

(まちがえた。逆方向だったのかな？)

元いた場所まで引き返す。そこから逆の方角へ進んでみると、またもや深い藪に行く手を遮られてしまう。少し方位がずれただけかもしれない、とその周辺を歩き回ったものの、それが悪かったのか、どこにいるのか、さっぱりわからなくなった。

とはいえ、元々さほど広い林ではない。迷っても歩き回れば必ず林縁に出るはずなのだが、幾ら進んでも最後は深い藪に進路を阻まれる。おまけに同じ木を何度も目にしていた。つまり、同じ場所を何周もしていたらしい。

(これじゃあ駄目だ……)

スマートフォンを取り出して、ＧＰＳ機能がついた地図を見ることにする。現在の居場所が確認できるはずであった。ところが、その前にスマートフォンの時計を見て、Ｏさんは愕然とした。午前零時を表示していたのである。

（えぇっ!?　車を降りてから四時間も経ったっていうのかよ？）

二時間くらいは経った気がしていたが、四時間も経ったとは思えない。さらに地図を開くと、彼の居場所を示すはずのポインターが川の真ん中に置かれている。河畔にいるといっても、今いる場所からは川が見えなかった。どうやら誤作動が起きたようだ。

（こんなときに限って……）

Oさんは舌打ちしながら一旦電源を切り、また入れ直そうとした。だが、起動ボタンを押しても反応がない。何度押しても駄目だ。おまけにアナログ式の腕時計を見ると、こちらも二本の針が午前零時を指している。理由はわからなかったが、

（とにかく、早くここから脱出しないと、まずいことになりそうだ）

二度とこの林から出られないような気がして、無性に怖くなってくる。それでも焦ってはいけない。Oさんは深呼吸を三回して、何とか心を落ち着かせると、勘を頼りに藪を漕ぎながら懸命に小道を探した。

すると、彼の背丈よりも遥かに高く伸びた下草の中に、トンネルのような小道ができている場所が見つかった。来るときには通った記憶がないし、獣道かもしれない。けれども、勝負を賭けるつもりで進んでみた。草のトンネルを抜けると――。

そこに見知った小道があった。

（助かった！）

安堵しつつ、ヤナギ林から出て車へ戻る。そこで腕時計を見たところ――。

何と、二本の針が八時十分を指していた。

（どういうことだよ？）

時計が急激に進んで午前八時十分を指しているのか、あるいは逆に回転したとしか考えられない。怪訝に思いながら車の時計を見ると、こちらも二十時十分を表示していた。スマートフォンの電源ボタンも押してみる。今度は難なく起動して、時計は二十時十分を表示した。先程、車を降りてから四時間が経過していたことも不可解だったが、実は十分しか経過していなかったとなると、それ以上に不可解である。捕獲してきたクワガタムシたちは、確かにケースの中に入っていた。どうやら、夢や幻ではないらしい。しかし、これほどの数のクワガタムシをわずか十分で捕獲できるはずがなかった。

狩りの成果を写真に撮り、もう一度林縁まで戻って、大多数のクワガタムシを放してやってから帰路に就いた。帰宅して自宅の時計やテレビに表示される時間を確認したところ、いずれもまだ午後九時半になっていなかった。

腑に落ちなかったOさんは後日、昼間に友人を連れて同じ河畔林へ行ってみた。そして例の小道からビニール紐を張って目印にしながら、先夜のポイントとなった木々を探してみたが、どうしても発見することができなかったという。

「良かったら現地を御案内しますよ。〈マメピカ〉を捕りがてら、行ってみませんか?」

Oさんからお誘いをいただいた私は、ありがたく同行することにした。

ところが、六月下旬の晩に現地へ行ってみると――。

河川敷にはショベルカーが放置されており、ヤナギ林の半分ほどは残されていたが、あとの半分は木々が伐採されて草むらに変わっていたのである。

「うわ……。何てことだ!」

Oさんは怒りと落胆に声を震わせた。

ちょうど消滅した林の中に、彼が異変と遭遇したポイントがあったそうだ。

そこを歩いてみることで話の通り、広い範囲でないことは確認できた。樹液を出している木はまだ何本もあったが、開発の影響があったのだろうか、その晩、私とOさんは小型のノコギリクワガタやコクワガタは何頭か見かけたものの、目当てのヒラタクワガタを捕ることはできなかった。

(二〇一六年七月三十日「高崎怪談会4」Oさんが語った話を基に)

新田義貞《にったよしさだ》の呪《しゅ》

戸神重明

「高崎怪談会11」に一般参加し、のちに「同12」「同13」「同　特別編」に出演して下さった女性、U田さんの話を記しておきたい。U田さんは群馬県内の某スポーツクラブで水泳のインストラクターをしている。その土地にはかつて車の板金工場があったが、それを取り壊してスポーツクラブができて以来、たまに会員や職員がまさかと思うような怪我をすることがあるという。

ここの職員はどういうわけか、〈見える人〉〈聞こえる人〉〈怪奇を好む人〉が多い。U田さんもその一人なのだが、中でも四十代の女性Aさんは〈よく見える人〉である。ここにはプールの他にマシンジムの施設と、ヨガやエアロビクスダンス用のスタジオがある。

五月の昼下がり、まだ会員が来ていない時間帯のこと。スタジオのほうから、かなり重量のある物を床に落としたか、あるいは壁に叩きつけたような轟音が聞こえてきた。地震らしい揺れは感じなかった。このとき、スポーツクラブには三人の事務職員がいた。Aさんと、アルバイトの若い女性Bさん、三十代の男性職員である。

「今の音、何でしょうね？」

「わからないけど……ただごとじゃなさそうね。様子を見に行ってみようか」

「えっ？　何の話をしてるんだい？」

轟音を聞いたのは、AさんとBさんだけであった。二人が少し緊張しながらスタジオへ向かうと、男性職員もわけがわからないながらもついてきた。

スタジオのドアを開け、何歩か足を踏み入れた途端――。

「ああっ！」

Aさんはその場に棒立ちになった。実際に座り込むことこそなかったものの、腰を抜かしたように身動きができなくなってしまう。

スタジオの真ん中に、天井まである巨大な門らしきものが屹立《きつりつ》していた。黒ずんで、少しぼやけているのだが、よく見れば木製で両扉が開いている。その中で黒い渦巻きが蟠《わだかま》っていた。それらは何百、何千もの手が集結したような形をしていたという。

「うう、うっ……」

Bさんはスタジオから逃げ出し、トイレに駆け込んだ。彼女にはその光景が見えていなかったが、腐肉のような凄まじい異臭を嗅いで気分が悪くなり、嘔吐してしまったそうである。

少し遅れて、ようやく動けるようになったAさんも逃げ出した。男性職員だけが首を傾げて、スタジオに取り残された。彼は何も見えず聞こえず、感じてもいなかった。

Aさんと Bさんは、それきりこの日はスタジオに入ることができなかったが、インストラクターや会員たちは平気だったようで、通常通りに利用していた。二人はどうにか仕事をすることはできたけれども、ずっと気分が落ち着かず、失敗を繰り返した。

翌日、Aさんと Bさんは、昨日の現象が自然と収束していることに期待しながら出勤した。だが、状況はまったく変わっていなかった。門は存在し、その開いた両扉から、黒い手のような形をしたものがスタジオ全体に溢れ出てきている。Aさんは絶句した。Bさんはまたもやトイレに駆け込み、激しく嘔吐《えず》いてしまった。

すっかり閉口したAさんは、思案した末にスタジオの写真を撮ってみた。その写真は、〈見えない人〉にはわからないものの、Aさんには門の存在が確認できる。彼女も〈よく見える人〉なのだが、知人の女性に〈さらによく見える人〉がいるので、写真を添付したメールを送って相談した。三十分ほど経つと返事が来た。

『そこって、近くに道祖神はありませんか？』

確かに、ここの近くには道祖神があった。丸い石が道路の端に祀られているのを見た覚えがある。しかし、最近になって、その辺りでは大規模な道路工事が行われていた。

Aさんが丸い石の様子を見に行くというので、話を聞いたU田さんも興味を覚えて同行した。ところが、道路の状況はすっかり変わっていて、道祖神の石は撤去されていた。Aさんがメールでそのことを伝えると、相手の女性は次のように書いてきた。

『やっぱりそうでしたか。おそらく、そこには、新田義貞公《にったよしさだこう》の呪《しゅ》が掛かっているのです』

新田義貞といえば、群馬県の新田郡（現在は太田市と合併して消滅）出身とされる鎌倉、南北朝時代の武将で、室町幕府を開いた足利尊氏《あしかがたかうじ》の好敵手《ライバル》として知られる。歴史上では敗者だが、御家人という武家としては低い身分から決起して、北条氏が腐敗政治を続けていた鎌倉幕府を滅ぼした。のちに尊氏との戦《いくさ》に敗れ、悲運の死を遂げた英雄として、群馬県内での人気は高い。

その新田一族ゆかりの某所、スポーツクラブ近くの某神社、そして道祖神の三点で三角地帯を形成し、呪を掛けていたのであろう、というのである。何者が何のために、いつ頃から仕掛けたものか、確かなことは何もわからないが、東京における平将門《たいらのまさかど》と同じ程度の強い呪が掛かっているのだという。中継地点の道祖神が壊されたことで呪の封印が解かれ、この現象が起きたらしい。これを防ぐには、新田一族ゆかりの某所とスポーツクラブ近くの某神社による抑制力が活発になるのを待つしかないので、しばらく時間がかかるだろう、とのことであった。

メールを読み終えたAさんは、プールへ向かうU田さんにこう告げた。

「スイミングは今日、五コースに気をつけてね」

「何か見えるんですか?」

Aさんはプールまでついてきて、U田さんの肩に手を乗せた。

「あなたは見える素質があるから」

プールはまだ無人で、静まり返っている。

「まず、六コースを見てみなさい」

U田さんが第六コースに目を向けると、初めは何でもなかったが、徐々に水面が波立ってきた。確かに屋内プールなので空調は利いている。それにしても、第六コースだけに波が立つのはおかしい。

「あなたが見ているから波が立っているのよ。じゃあ、今度は五コースを見てみて」

そう言われて第五コースを凝視すると、全体的に黒っぽく見える。とくにスタート台から五メートル付近まではタールでも撒いたかのように黒々と見えてきた。

そのことを告げると、Aさんが答える。

「今、男の人が水の上を歩いていたの。で、ちょうどその辺りから水の中に潜ったのよ」

男はワイシャツにスラックス姿で、現代人の服装をしていたといい、新田義貞とは関連がないようだ。U田さんは普段よりも気をつけて指導に臨んだが、この日は一人の少年が飛び込んだ際に顎の下を大きく切る怪我をしてしまった。

スタジオの門は数ヶ月にわたって存在していたという。そのため、Aさんは用事があるときは、かの男性職員に頼んで代わりに行ってもらっていた。U田さんもスタジオを見に行ってみたが、門は確認できなかった。Aさんの他に見た者はいないらしい。その後、門は不意に現れては消滅し、忘れかけた頃にまた現れることを繰り返しているそうだ。

些《いささ》か伝奇ホラー小説めいた話であり、本当に新田義貞の呪なのかも不明だが、このスポーツクラブでは相変わらず、会員や職員の怪我などが時折発生している。あるときは大きな水泳大会に出場経験がある小学生の男子選手がプールに飛び込んだきり、浮かび上がってこなかった。救助してみると、白目を剥いて呼吸をしていなかったので、救命処置が施され、救急車で病院へ運ばれた。一命は取り留めたものの、その男子は水泳をやめてしまったという。

（二〇一八年七月二十八日「高崎怪談会12」U田さんが語った話を基に）

高崎郊外の古寺

戸神重明

高崎市の郊外にある古寺の話をしてみたい。檀家の一人で、その近くに住む五十代の女性Cさんが語って下さったものである。まずは、この町に伝わる伝説から始まる。

昔、この町が村と呼ばれていた明治か大正の頃、その寺の前を通った者が頻繁に転倒する騒ぎが起きた。村人たちが奇妙に思い、地面を掘ってみたところ、一体の地蔵が出てきた。それを寺の本堂脇に祀ることになったのだが、何か凶事《きょうじ》が発生したのか、地蔵堂を建てて地蔵を隠し、普段は住職や檀家の総代など、寺の管理を行う者しか見てはいけない決まりができた。他の村人たちには、年に一度の決まった日にだけ公開される。

しかし、やがて住職が亡くなり、跡を継ぐ僧侶が絶えて、寺は無人となった。あるとき、隣村から三人の若者がやってきて、無断で地蔵堂の扉を壊した。彼らの目的は、見てはならない地蔵がどんな姿をしているのか、見てやろう、というものであった。けれども、いざ目にしてみると、どこにでもある地蔵と何も変わらなかった。

「なんでえ、こんなもんきゃあ《こんなものかよ》」

と、口々に馬鹿にして引き揚げようとしたのだが……。

その一人が「喉が渇いた」と寺の裏手にある井戸の水を汲んで飲もうとした。ところが、足を滑らせて頭から井戸に転落し、そのまま上がれずに溺死してしまう。もう一人は同じ年のうちに働いていた建設現場から落下して、胸や脇腹に釘や折れた木材が突き刺さり、丸一日苦しんだ末に死亡した。最後の一人はこの話を身内に伝えたあと、首を吊っている。

以上が昭和の戦後に町と呼ばれるようになった、この地域に伝わる伝説である。

さて、その寺はのちに住職がやってきたり、いなくなったりすることを繰り返してきたが、平成の時代に入ってまた無人となってしまい、日頃は総代たちが手入れをしていた。葬儀や法事があるときは、他の寺から同じ宗派の僧侶がやってきて執《と》り行うのが常であった。そこへ近年になって若い僧侶が住み着いた。そして藪となっていた境内の裏手を開発する、と言い出した。檀家の中には開発工事を請け負いたい業者たちがいて、彼らが若い住職を唆《そそのか》したらしい。それに対して高齢の総代が文句をつけた。

「裏の藪には鳥や狸が棲んでいます。怖い伝説が伝わる古井戸もあります。しゃいなしに《むやみやたら》開発など、するもんじゃありません。良くないことが起きますぞ」

だが、住職と檀家たちはこの総代を「鬱陶《うっとう》しい爺さんだ」と、辞めさせて中年の男性を新たな総代に据えた。住職は檀家の業者たちを雇って、境内の裏手に茂っていた草木を伐らせた。さらに境界を示す塀がなかったので、立派な塀を建てた。

すると、塀を建てた業者の年老いた母親が真夜中に寝床から起き出して、

「うわあああああっ！　殺されるっ！　殺されるっ！」

と、騒ぎ出したのである。

その老婆は翌朝、家族が目を離した隙《すき》に警察へ電話をかけて助けを求めた。

「私、殺されますっ！　狙われているんですっ！　助けて下さい！」

名前と住所を告げたので、警官が家までやってきた。老婆は錯乱状態でひどく怯えていて、警官が面会したところ、「殺されるっ！　お寺のお地蔵さんに、殺されるうっ！」と何度も叫んだ。とはいえ、警官には例の寺に安置されている地蔵が人を殺すとは思えなかったのであろう。そこで念のため、周辺の住宅を回って聴き込みを行った。

「あのお婆さんを殺そうとしている人って、誰かいますか？　そんな話を聞いたことがありますか？」

冒頭に出てきた女性Cさんも訊ねられたが、苦笑しながら首を横に振った。

「いないと思います。聞いたこともありませんよ」

老婆は八十歳になっていたので、おそらく認知症か、老人性の精神病で幻覚を見ているのだろう、と判断された。その後も昼夜に関係なく騒ぎ続けて治まらなかったので、家族

によって精神病院へ措置入院をさせられた。

これで静かな田舎町に戻ったかと思われたが、じきに今度は遙かに年齢が若い男性に異変が発生した。寺の裏手に生えていた桜などの木々を伐った三十代の植木職人が、

「殺されるっ！　殺されるっ！　寺の地蔵に殺されるっ！」

と、叫んで包丁を持ち出し、町内を徘徊し始めたのである。

驚いて逃げ出した住民の一人を追いかけ回したことから、大騒ぎになってしまう。警官が呼ばれ、職人を取り押さえて連行することになった。

檀家の人々が寺を調べたところ、境内裏手の伐り倒された木の下、切り株のすぐ脇に崩れかけた古井戸が見つかった。伝説に出てくる井戸の跡であろう。中には沢山の石が詰まっている。長年使われていなかったので、開発する際に石を投げ込んで埋めたらしい。

それが原因ではないか、とCさんたちは考えるようになったが、真相は定かでない。ただし、塀を建てた業者と木を伐った職人の家では、その後も家族の誰かしらが錯乱して暴れ出す騒ぎが続き、首吊り自殺を遂げた者までいた。精神病院で治療を受けておとなしくなっても、少し経つとまた騒ぎを起こす者もいるという。それは現在も繰り返されている。

（二〇一八年六月二十三日「高崎怪談会　前月祭」Cさん、他一名が語った話を基に）

守られた男

戸神重明

高崎市在住で現在三十代後半の男性Nさんが、高校三年生の夏休みのこと、小学校時代に通っていた塾の先生が亡くなった。同じ塾に通っていた三歳年上の兄と葬儀に行ったところ、兄の友達であるY男さんも参列していた。兄も会うのは久し振りだったそうで、

「暇だったらさ、今夜、遊びに来《き》ないか?」

と、Y男さんから誘われた。日が暮れてから三人でラーメン屋へ行き、食事をしたあと、隣町にあるY男さんの家に行った。一戸建て住宅の一階にY男さんの部屋はあった。上州名物の焼きまんじゅうなどを食べながら話すうちに、兄は眠ってしまったが、NさんとY男さんは午前二時過ぎまでゲームをして遊んでいた。

「なから《だいぶ》いい時間になったけど、おまえ、どうする?」

兄が寝てしまったので、Nさんは泊まらせてもらうことにした。トイレを借りようと、部屋を出る。ここからトイレまでの間には廊下がなくて、別の一室を通り抜けて行かなければならない。Nさんはその部屋の電灯を点けて前進した。用を足して帰ってくるときに、またそこを通り抜けようとすると、奥のほうに布団が敷いてあって、女の子が上半身を起

こしていた。六、七歳くらいの幼女で、ピンク色のパジャマを着ている。まさか人がいるとは思わなかったので、Nさんはどきりとして立ち止まった。幼女は手を振って微笑んでいる。そういえば、Y男さんは四人兄弟の長男で、妹がいると聞いていた。

（あ、これが妹さんか）

Nさんは愛想笑いを浮かべながら、

「ごめんね。起こしちゃって。電気、消さあね《すね》」

電灯を消して先輩の部屋へ戻った。それからさらに二時間ほどゲームをした。午前四時過ぎ、夜空が薄明るくなってきた頃、

「そろそろ寝るか」

「じゃあ、もう一度、トイレに行ってきます」

Nさんが部屋を出ると、先程の幼女が上半身を起こしていた。今度は電灯を点けず、襖を開けたままにして、Y男さんの部屋から漏れる灯りを頼りにトイレまで進んだ。引き返してくるときも幼女はいて、眠らずに微笑んでいる。笑顔が愛らしい子であった。

「寝ないん？」

「うん」

「ごめんね。俺のせいで眠れなくさせちゃって。もう静かにするからね」

Nさんは Y男さんの部屋に戻った。

「妹さん、起こしちゃったみたいで、すみません」

「妹？」

「六、七歳ぐらいの、かわいい子ですよ」

「俺の妹は中学二年だぜ」

「一番下の妹さんは？」

「そりゃあ小せえのはいるけど、十歳だし、二階の部屋でもう寝てらあ」

「えっ？」

Nさんが怪訝な顔をすると、Y男さんは「一緒に来い」と隣室を見に行った。電灯を点けてみたが、誰もいなかった。敷いてあった布団も見当たらない。Nさんは愕然とした。

「そんな……確かに、女の子がいたんスよ。布団までなくなってるなんて……」

Y男さんは眉を寄せて何やら考えていたが、やがて箪笥から古いアルバムを出してきた。

「なあ。もしかして、女の子って、この子か？」

アルバムを開き、一枚のモノクロ写真を指差す。ゴム鞠を手に持った幼女が笑っていた。

「そう！　この子です！　誰なんスか？」

「ミホちゃんだ……。俺のお袋の妹だよ。俺も見たことがあるんだ」

「叔母さん、てことですね」

「まあな。だけど、六歳のときに事故で亡くなったらしい。死んでからも、この家に住み着いてるみてえなんだいね。うちはほら、お袋がここで育って、親父は婿養子だからさ」

「なるほど」とNさんは、今度はさほど驚くこともなく、納得した。

実は、彼は幼い頃からよく怪奇な体験をしていたのである。


それから約一年後。高校を卒業したNさんは、悪友のZから誘われて、山奥にある〈心霊スポット〉として有名な廃屋へ行くことになった。Zが運転する車に高校時代の同級生だった男性四人が乗り、日が暮れてから出発した。他の仲間はQとRという。現地に到着すると、車を降りて敷地に足を踏み入れた。もちろん、不法侵入だ。玄関は板が釘で打ちつけられており、戸を開けることができなかった。Zを先頭に庭へ回ると、窓ガラスが割られた箇所があった。そこから屋内に入り込む。RがZから頼まれたそうで、ビデオカメラを持参していた。懐中電灯で進路を照らしながら撮影してゆく。

「ここが風呂場です。汚いな」

「今度はトイレです。うわ、きったねえ」

「布団です。ハア、ぼろっぼろですね」

などと、Rは説明をしながらカメラを回していた。すべての部屋に入ってみたという。

何事も起きなかったが、Nさんは急に頭痛がしてきた。何となく嫌な予感がする。

「もう帰《けえ》ろうぜ。頭が痛くなってきたし、身体が怠《だり》いや」

車に戻り、山から下りてくると、Nさんの頭痛は治まってきた。人里に出てからガソリンスタンドに立ち寄る。中年の男性店員が給油する間に窓ガラスをタオルで拭き始めたが、途中で手を止めると、表情を強張《こわば》らせながら訊いてきた。

「君たち、どこに行ってきたの？」

車を運転していたZが、先程の廃屋について簡単に説明する。

「何も出ませんでしたけどね」

と、つけ加えたZの言葉にQとRが笑ったが、店員は笑わなかった。

「やっぱり、そういう場所に行ったんだね」

「何ですか？　何かありましたか？」

「ちょっと降りて、後ろの窓を見てみないね」

Nさんたちが言われた通りにすると、リアウインドウに大人の男の足跡らしきものが四つ、残されていた。黒ずんだ裸足の足跡である。これまではまったく気づかなかった。

「うわっ！」

「何だこれ？　気持ち悪《わり》い！」

「……だから、そういう場所には、あんまり遊び半分で行かないほうがいいよ」

「あ、はい。お騒がせして、すみません」

足跡は店員が顔を顰めながらも拭き取ってくれた。その夜は他に何も起こらなかった。

それから数日後。

「こないだ撮ってきた映像《やつ》を見ようぜ」

夜からZの家に集まることになった。場所はやはり高崎市内である。テレビを前に座卓を囲んで上映会を始めた。映像は懐中電灯の光が照らしている部分しか映っておらず、あとは真っ黒で何も見えない。

「ここが玄関です」

Rの説明が入っている。最後に「じゃあ、これで帰ります」と言ったところで、

「帰るな！」

男の声が入っていた。現地では聞いた覚えがない声であった。

「今の、何？」

NさんとZが同時に同じことを言う。もう一度、先程の部分を再生してみたところ、

「帰るな！」

と、確かに男の野太い声が入っていた。Nさんたち四人の声ではない。あの夜、廃屋の周辺一帯には彼らしかいなかったのだ。四人ともしばらくの間、黙り込んでしまった。

翌日、Rが自宅の階段から転落して、手首と肘を複雑骨折し、病院で手術を受ける羽目になった。怪我をしたのは、ビデオカメラを回していたのと同じ右手であった。

さらに四、五日後。

その日、Nさんはバイクに乗って仕事先から自宅へ帰ろうとしていた。だが、いつも通る道を走行中、カーブを曲がろうとしたときに突然、タイヤが滑った。雨は降っておらず、平素と変わらない状況だったのに、曲がり損ねてバイクが横へ流れたのだ。

（しまった！）

咄嗟に急ブレーキを掛けようとする。そのとき、耳元で幼女のものらしい声が響いた。

「ブレーキを掛けないで！」

Nさんは声に気を取られ、ブレーキを掛けなかった。バイクが減速することなくガードレールに突っ込む――。その直前にNさんはバイクから飛び降りた。彼は転倒したが、幸いなことに軽い打撲と擦り傷を負っただけで済んだ。Nさんが手足の痛みに耐えながら立ち上がると、目の前に約一年前、Y男さんの家で出会った幼女が立っていた。

「ミホちゃん、だっけ……」

　このときの幼女は無表情で、その姿はじきに消えてしまった。バイクは大破しており、廃車にせざるを得なかったという。

　その後、Nさんはミホちゃんが笑っている顔が一日に何度も、毎日脳裏に浮かぶようになった。そこでY男さんの家を訪ねてこれまでの経緯を語り、相談してみた。

「これって、どういうことだと思いますか？」

「おまえ、ミホちゃんに好かれたな」

「とり憑かれた、ってことですかね⁉」

「いや、そうじゃねえんだ。俺もよく見てたときがあってさ、悪いことが起こりそうなときに限って、警告するように出てくるんだいね」

「ほほう……」

「おまえ、その声がなかったら、死んでたよ」

　確かに、急ブレーキを掛けていたら、横転したバイクもろとも路面に叩きつけられ、ガードレールに激突していたことだろう。Y男さんの話によれば、ミホちゃんは気に入った人間を守ってくれるが、中には目撃すると頭痛を訴える者もいるそうだ。

「おまえはツイていたな」

Nさんは男さんの家の仏間へ案内してもらい、仏壇に手を合わせて頭を下げた。

しかし、ミホちゃんに守られていなかった友達のQは渓流釣りに行って崖から転落し、膝を骨折した。

また、廃屋へ行くことを提案したり、Rに映像を撮らせたりと、すべてを取り仕切っていたZは、車に乗っていて居眠り運転をしてしまい、対向車と激突して重傷を負った。救急車で病院へ搬送されて、一時は命が危なかったそうである。

その知らせを受けたNさんは大きな衝撃を受け、居ても立ってもいられなくなって、自宅近くにある神社の神主に相談した。そして神社へ行くことができる二人とともに御祓いを受けることになった。神主からはビデオカメラも持ってくるように言われ、映像は処分された。したがって現在、その映像を実見することはできない。さらに神主から、ある寺へも行くように勧められ、護摩焚きを受けた。Zも怪我がある程度まで回復してから、御祓いと護摩焚きを受けた。ただし、彼は今でも後遺症に悩まされ続けているそうだ。

Nさんはそれ以来、ミホちゃんの姿を見たり、声を聞くことはなくなったという。

（二〇一八年一月二十四日「高崎怪談会11」Nさんが語った話を基に）

高崎の四つ辻

戸神重明

　私が二〇一八年六月に出版した最初の〈上毛怪談集〉『怪談標本箱　雨鬼』（竹書房）には、「夜の一本道」という話が収録されている。高崎市の中心街に住む女性S美さんが近所の裏通りで、真っ黒な案山子《かかし》のようにも、あるいは串に刺さったおでんのようにも見える〈黒いモノ〉に追いかけられたできごとを描いたものだ。

　それからS美さんは、夜間にその道を通ることは避けてきたが、およそ一年半が経った夏の夕方、彼女は当時小学生だった娘と自転車で買い物に出かけて、帰りに同じ道を通ることにしたという。まだ日が暮れていなかったし、自転車に乗っていた上、娘も一緒なので、大丈夫だろうと判断してのことであった。〈黒いモノ〉と遭遇した地点よりも百メートル余り北の、自宅近くに〇×屋という商店が営業している。

　その店の角に当たる軒下に女が一人、しゃがみ込んでいた。こちらを向いているものの、顔を両手で覆い隠している。泣いているのかもしれない。顔が見えないので確かではないが、身なりからして年の頃は十代後半から二十歳《はたち》くらいだろうか。ピンク色のTシャツとスエットを身に着け、明るい茶色に染められた長い髪はぼさぼさに乱れていた。黒い靴の踵をスリッパのように踏み潰している。見るからにだらしない格好であった。

(変な子がいるな。お店の人、迷惑だろうなぁ)

気になったので、S美さんは自転車を走らせながらも、その女を注視していた。この店の前はちょうど四つ辻になっている。S美さんはそこを左折するため、一度視線を逸らせて減速し、ハンドルを左に向けた。擦れ違いざまに女を見ると、依然として全身がこちらを向いている。角を曲がり切ったところで、再び女のほうに視線をやった。

すると、女の身体はやはりS美さんに対して正面を向いている。相変わらずしゃがみ込んで、顔を両手で覆っていた。

(あれ、おっかしいな!)

そこそこの速度で擦れ違ったのだが、女はS美さんが角を曲がる前、曲がり際、曲がったあとの、どの角度から見ても全身がこちらを向いていた。つまり、相当な速さで身体の向きを常に変えていたことになる。

(あの子、どれだけ速く動いてるんだ?)

だらしなくしゃがんで顔を隠している女が、そこまで敏捷に動けるとは思えず、不思議だったという。

まもなく二人は自宅があるマンションの入口に到着した。

「今、○×屋さんの前に変な人がいたよね」

「どんな人？」

S美さんは娘に先程の若い女の特徴を語った。

「ちょうどお店の角の、一番目立つ所にいたでしょう」

「ううん。誰もいなかったよ。そんな人がいれば、目立つからわかるはずだよ」

「えっ！　なから《かなり》目立つ人だったんに……」

娘には若い女の姿が見えていなかったという。

S美さん一家が住んでいるマンションの入口はオートロック式である。解錠してエントランスホールに入ると、同じマンションの住人で知り合いの女性がいた。挨拶をして少し立ち話をしていたところ、不意にオートロックのガラス扉が開いた。通常は内側から誰かが開けるか、コンソールの部屋番号を押して住人に解錠してもらわなければ開かないはずなのである。しかし、ガラス扉の周りには三人の他に誰もいなかった。

（あ、嫌だな。さっき、あんなことがあったから……）

S美さんは立ち話を手短に切り上げて部屋へ向かおうとした。娘とエレベーターに乗ると、扉が一度閉まったが、すぐさま開く。外は無人であった。もちろん、S美さんも娘も〈開く〉のボタンを押してはいない。自室がある階でエレベーターを降りて廊下を進み、自室の前までやってきたとき、手を触れていないのにドアが忽然と開いた。

「あっ！　やっぱり、ついてきしゃ《ち》ったのかもしれない」

ドアが一度閉まって、またすぐに開く。独りでに開閉していた。それからは大きな音を立てながら、激しく開いたり閉まったりを何度も繰り返す。

「お母さん、どうしよう？」

娘が真っ青な顔をして腕にしがみついてきた。説明していなかったが、事態を悟ったのであろう。S美さんは恐る恐るドアノブを掴んだ。意外にも、それですんなりとドアの開閉は止まった。けれども、

（このまま家に入ると、まずいことになりそうね）

S美さんは嫌な予感がして、廊下で思案を巡らせ始めた。

「どうしたい？」

部屋から当時中学生だった息子が出てきた。彼もドアが開閉する音を聞きつけて何事かと思い、玄関までやってきたのである。

「ねえ！　塩！　塩を持ってきて！」

S美さんはドアの内側と外側、そして自身と娘の身体に塩を、これでもか、とばかりに掛け続けた。それが功を奏したのか、家に入ると何も起こらなかった。

ところが、それからほどなくして、あの若い女が店先にいた○×屋は、長年続けてきた営業を急にやめてしまった。そればかりか、シャッターを閉めただけでなく、店の周りを塀で完全に囲んでしまった。あの女がいた軒下も、である。まるで何かの侵入を防ごうとしているのか、あるいは屋内にいる何かを封じ込めようとしているかのように見えた。

のちにS美さんは、近くにある別の商店でこんな話を聞いたそうだ。

「あそこん家《ち》、一家全員、ばたばたと死んじゃったんだいね」

○×屋は、当主たちが急に続けて亡くなったことから閉店したらしい。

だが、その後、他の人物から聞いて知ったことだが、実際にはそこから逃げるように引っ越した人物が一人だけいて、よその土地で存命中だということがわかった。引っ越した理由は不明だという。

さらに二〇一九年になって、その塀に車が突っ込む事故が発生した。運転者は軽傷で済んだらしいが、S美さんが昼間のうちに様子を見に行くと、ちょうどあの女がしゃがんでいた場所の塀が、割れて大きく窪んでいたそうである。

（二〇一八年十月十三日「高崎怪談会14」S美さんが語った話と追加取材を基に）

「蚕よ、飛べ」
「河畔林の異界」
「新田義貞の呪」
「高崎郊外の古寺」
「守られた男」
「高崎の四つ辻」

戸神重明（とがみ　しげあき）

群馬県高崎市出身、在住。怪談作家。単著に『怪談標本箱　死霊ノ土地』『怪談標本箱 雨鬼』『怪談標本箱 生霊ノ左』『恐怖箱 深怪』、共著に『田舎の怖イ噂』『怪異形夜話』（すべて竹書房）、『世にも怖い実話怪談』（白夜書房）他26作がある。二〇一五年より「高崎怪談会」を主催。当面の目標は自身で考えたキャッチフレーズ〈北関東の怪物〉を世間に浸透させること。

著者あとがき

春南　灯（はるな　あかり）

「高崎怪談会3」「同8」に出演させていただきました、春南と申します。私の筆名の由来は、上毛三山のひとつである榛名山。「はるなさん」と呼ばれる度に、雄大な榛名山の景色が目に浮かびます。私にとって、群馬は第二の故郷。此度の機会をいただけ、大変嬉しく思っております。北関東の怪物、戸神重明先生をはじめとする、すべての御縁に感謝して。

夜馬裕（やまゆう）

怪談とは、黄昏時のようです。黄昏は誰そ彼とも書き、道行く人の顔が夕闇で誰か彼だかわからなくなる、そんな現世と幽世の境目のような時刻は、逢魔が刻とも呼ばれます。一期一会で伺った怪異の物語を、私の言葉にのせてお伝えする、そんな美しくも恐ろしい一瞬を皆さんと共有できることを願ってやみません。最後に、戸神重明先生へ感謝申し上げます。

マリブル

幼少期、怪談ブームだったのだなと感じます。当時、昼のワイドショーで特別枠として怪談コーナーが放送され、スーツ姿でニュースを話す人達がそのままの姿で恐怖体験談を考察する光景は幼少の僕に十二分の説得力を持って伝わりました。そんな洗礼を受けた僕が、また怪談が隆盛している今、このような形で怪談を披露できる事を嬉しく思います。

籠　三蔵（かご　さんぞう）

この度は、「高崎怪談会」で披露した怪談や不思議議談を書籍に纏めて頂けると言う僥倖に恵まれ、感謝に堪えません。引き続き、他人様とはひと味違う怪異を追い求めながら。

北城椿貴（きたしろ　つばき）

いたく優しい幽霊に出逢ったことがある。何もうまく行かず、自分はどうしたら……と布団の中で思い悩んでいたところ、頭上に白い手がスッと伸びてきて私の頭を二回撫でたのだ。飛び起きると姿は消えていた。おそらく女性のものであろうというたおやかな気配だけがそこに残っていた。いつかまた会えたらお礼を伝えたい。

しのはら史絵（しのはら　しえ）

はじめまして、しのはらと申します。『高崎怪談会 東国百鬼譚』に参加できたこと、大変光栄に思っております。私と群馬の皆様とのご縁は、二年ほど前になります「高崎怪談会　特別編」を観覧したことから始まりました。以来、頻繁に「高崎怪談会」に顔を出しています。読者の皆様、取材に協力して頂いた皆様、そして戸神先生、本当にありがとうございました。

戸神重明（とがみ　しげあき）

「高崎怪談会」はナンバー１００まで続けます。本シリーズは良い話が集まり次第、また出したいと思っています。次は四月の単著『群馬百物語　怪談かるた』と、五月開催予定の「高崎怪談会22」でお会いしましょう。「それでは皆様、家に無事に帰り着くまでが怪談会です。どうかお気をつけてお帰り下さい。魔多の鬼界に！　どうもありがとうございました！」二〇二〇年春を待つ　風の東国にて。

高崎怪談会　東国百鬼譚

2020年3月6日　初版第1刷発行

編著　戸神重明
共著　籠 三蔵／北城椿貴／しのはら史絵／春南 灯／マリブル／夜馬裕
カバー　橋元浩明（sowhat.Inc）
発行人　後藤明信
発行所　株式会社　竹書房
〒102-0072　東京都千代田区飯田橋2-7-3
電話 03-3264-1576（代表）
電話 03-3234-6208（編集）
http://www.takeshobo.co.jp
印刷所　中央精版印刷株式会社

ISBN978-4-8019-2185-6 C0193